La gestation pour autrui

Muriel Fabre-Magnan

La gestation pour autrui
Fictions et réalité

Fayard

Couverture : Off, Paris

ISBN : 978-2-213-67769-9

Il faut de l'imagination pour voir où nous mènent les chemins que nous empruntons, et c'est souvent les romanciers qui perçoivent l'horizon avec le plus de perspicacité. Ils peuvent dessiner l'avenir plus librement et leurs fictions romanesques donnent à voir de nombreuses vérités plus ou moins romantiques[1]. Nul n'a ainsi décrit mieux qu'Aldous Huxley, et ce dès 1932, le meilleur des mondes auquel peuvent conduire les techniques biomédicales de procréation. Dans la période contemporaine, Michel Houellebecq a dépeint de façon visionnaire la montée de l'individualisme[2] et

1. Pour détourner, au fond et en la forme, le titre du beau livre de René Girard, *Mensonge romantique et vérité romanesque*, 1re éd. Grasset, 1961.

2. Michel Houellebecq, *Les Particules élémentaires*, Flammarion, 1998.

du narcissisme (dont le point ultime est le clonage[1]) et mis en pleine lumière son aboutissement logique : l'extension du domaine de la lutte des uns contre les autres[2].

Sans vouloir jouer les Cassandre ou les prophètes de mauvais augure, nous voudrions essayer d'apporter quelques éléments d'appréciation au débat sur la gestation pour autrui, en faisant entrevoir les conséquences de sa légalisation. Soulignons bien que nos propos valent de la même façon pour les couples hétérosexuels et pour les couples homosexuels, même si c'est à propos de ces derniers qu'on a commencé à envisager sérieusement la légalisation de ces pratiques[3].

Nous employons ici l'expression la plus courante qui est celle de « gestation pour autrui », entendue au sens générique du terme, c'est-à-dire englobant aussi ce qu'on appelle plus précisément la « procréation pour autrui », qui est l'hypothèse où la femme

1. *Id.*, *La Possibilité d'une île*, Fayard, 2005.

2. *Id.*, *Extension du domaine de la lutte*, Éditions Maurice Nadeau, 1994.

3. Pour être plus précise, il y une différence, non pas théorique mais pratique, car, de fait, les couples homosexuels auront besoin de recourir de façon plus systématique aux techniques de procréation médicalement assistée pour se faire fabriquer des enfants. Et pour les couples d'hommes, c'est principalement la gestation pour autrui qui leur permettra de s'en procurer.

qui porte l'enfant est aussi la mère génétique. Dans la gestation pour autrui *stricto sensu*, elle n'en est en général que la gestatrice, l'enfant ayant été conçu avec les gamètes du couple demandeur ou de tiers donneurs. Les expressions de « maternité pour autrui » ou de « maternité de substitution » sont souvent employées dans ce sens générique et englobant du terme. Quoi qu'il en soit, les raisons principales d'interdire ces pratiques nous semblent les mêmes quels que soient les « composants » précis ayant permis la fabrication de l'embryon, et nous ne distinguerons pas fondamentalement toutes ces hypothèses.

La maternité de substitution est apparue en France dans les années 1980. Les premiers cas sont survenus assez rapidement devant les tribunaux. Les litiges ont d'abord porté sur la légalité des associations constituées pour servir d'intermédiaires. Dans une décision du 22 janvier 1988, le Conseil d'État a approuvé le refus d'enregistrement d'une telle association (en l'espèce l'association Les Cigognes) et, dans un arrêt du 13 décembre 1989, la Cour de cassation a à son tour jugé que ces associations (en l'espèce l'association Alma Mater) étaient nulles pour objet illicite et devaient dès lors être dissoutes. Dans un arrêt du 31 mai 1991, l'assemblée plénière de la Cour de cassation s'est ensuite prononcée sur les contrats de gestation pour autrui et elle a jugé que « la convention par laquelle une femme s'engage, fût-ce à titre gratuit, à concevoir et à porter un enfant pour l'abandonner à sa naissance contrevient tant au principe d'ordre public de l'indisponibilité du corps humain qu'à celui de l'indisponibilité de l'état des personnes[1] » ; elle a ajouté que « ce processus constituait un détournement de l'institution de l'adoption ». Ces contrats sont nuls et ne sont donc pas exécutoires devant les tribunaux. Le législateur l'a expressément confirmé dans l'une des premières lois dites « de bioéthique » du 30 juillet 1994 en introduisant, dans le Code civil, un article 16-7 disposant que « toute convention portant sur la procréation ou la gestation pour le compte d'autrui est nulle ».

Même si les protagonistes ne sont pas en litige, leurs arrangements ne peuvent pas être validés, dans la mesure où ils supposent que la filiation de l'enfant soit juridiquement établie avec la mère d'intention, ce qui ne se peut par aucun mode : ni par l'inscription directe à l'état civil, ni par la reconnaissance, ni par la preuve par la possession d'état (c'est-à-dire, pour simplifier,

1. Très brièvement, l'indisponibilité renvoie, en droit, à l'impossibilité de disposer à sa guise d'une chose ou d'un droit. On ne peut ainsi pas, en principe, vendre ou louer des éléments de son corps (indisponibilité du corps humain), ni modifier en fonction de sa seule volonté les éléments de son identité tels que l'âge, le sexe, ou encore la filiation (indisponibilité de l'état des personnes).

par l'apparence de filiation), ni encore, comme on l'a vu dans l'arrêt de 1991, par l'adoption, que celle-ci soit plénière ou simple[1]. Enfin, les tribunaux refusent également de transcrire à l'état civil français les actes de naissance établis à l'étranger lorsque l'enfant est né d'une mère porteuse : la Cour de cassation a ainsi jugé, dans deux arrêts du 6 avril 2011, « qu'est justifié le refus de transcription d'un acte de naissance établi en exécution d'une décision étrangère, fondé sur la contrariété à l'ordre public international français de cette décision, lorsque celle-ci comporte des dispositions qui heurtent des principes essentiels du droit français ; qu'en l'état du droit positif, il est contraire au principe de l'indisponibilité de l'état des personnes, principe essentiel du droit français, de faire produire effet, au regard de la filiation, à une convention portant sur la gestation pour le compte d'autrui, qui, fût-elle licite à l'étranger, est nulle d'une nullité d'ordre public aux termes des articles 16-7 et 16-9 du code civil ».

À l'occasion de la révision des lois de bioéthique, plusieurs rapports et avis officiels ont été rendus. Ils ont conclu majoritairement au maintien de

1. L'adoption plénière a des effets beaucoup plus radicaux que l'adoption simple : à la différence de celle-ci, elle rompt les liens de l'enfant avec sa famille d'origine et, de surcroît, elle est irrévocable.

l'interdiction de la gestation pour autrui[1], directive que le législateur a suivie dans la loi du 7 juillet 2011 relative à la bioéthique.

Les partisans de la gestation pour autrui nous racontent aujourd'hui d'émouvantes histoires de couples stériles malheureux voulant faire affaire avec des mères porteuses généreuses et altruistes, aimant être enceintes et désireuses d'apporter du bonheur à autrui, ou encore d'enfants conçus à l'étranger et qu'on prive de la possibilité de voir établir leur filiation, en leur faisant injustement supporter les conséquences de l'illégalité de la situation dans laquelle se sont mis leurs "parents".

---

1. Parmi les rapports et avis récents, sont ainsi défavorables à la légalisation de la gestation pour autrui : le rapport d'information fait au nom de la Mission d'information sur la révision des lois de bioéthique n° 2235, déposé le 20 janvier 2010 ; l'avis n° 110 de 2010 du Comité consultatif national d'éthique relatif aux « problèmes éthiques soulevés par la gestation pour autrui (GPA) » ; le rapport du Conseil d'État sur la révision des lois de bioéthique de juin 2009 ; le rapport de l'office parlementaire d'évaluation des choix scientifiques et technologiques, Assemblée nationale, n° 1325, 17 décembre 2008 ; ou encore, même s'il est plus nuancé, le rapport de l'Académie nationale de médecine du 10 mars 2009 (voir Académie nationale de médecine, *La Gestation pour autrui*, Georges David, Roger Henrion, Pierre Jouannet et Claudine Bergoignan-Esper (dir.), Médecine Sciences Publications, 2011). Le seul rapport concluant à une légalisation encadrée de la gestation pour autrui est le rapport d'information du Sénat n° 421 du 25 juin 2008 sur la maternité pour autrui.

La légalisation de la gestation pour autrui permettrait alors, selon eux, de régler d'un coup toutes ces situations douloureuses et de donner libre cours à tous ces bons sentiments.

La réalité sera cependant différente, et la légalisation de la gestation pour autrui donnera à voir de tout autres histoires. Car s'il doit prendre en considération l'évolution de la société et des mœurs, le droit institue à son tour un certain état des rapports humains et sociaux. Il ne peut donc coller aux faits sans reste, et c'est une illusion entretenue par les politiques qu'à chaque nouveau fait divers pourrait répondre une nouvelle loi de circonstance apportant la solution définitive au problème.

La gestation pour autrui est au demeurant pratiquée aux États-Unis depuis plus d'une vingtaine d'années et l'étude de la façon dont elle y est mise en œuvre nous éclaire sur sa réalité et, en particulier, sur les litiges auxquels il faudrait s'attendre si cette technique était admise en France.

Si la maternité de substitution était autorisée, on assisterait à des déchirements entre des couples payeurs et des mères porteuses qui souhaiteraient finalement garder leur enfant ; on verrait des enfants handicapés ou diminués dont personne ne voudrait plus ; des situations où le couple ayant commandé l'enfant s'est séparé pendant la grossesse de la mère porteuse et se déchire à propos de l'enfant, soit que les deux veuillent le garder, soit au contraire qu'ils n'en veuillent plus ; des cas où la mère porteuse est victime de dommages physiques pendant la grossesse ou l'accouchement, ou souffre de dépression ou de troubles psychologiques à la suite de la séparation d'avec son enfant, etc., etc. Il n'y aura plus qu'à contempler avec consternation les histoires les plus sordides. D'autant que, s'étalant sur une durée de temps assez longue, la gestation pour autrui est propice aux changements de sentiments et d'avis et, partant, à de nombreux contentieux. La réalité dépassera alors parfois la fiction.

Le droit entraîne des effets logiques, c'est-à-dire des effets de structure, et il permet en ce sens une certaine prévisibilité. La légalisation de la gestation pour autrui instituera ainsi de nouvelles qualifications et de nouvelles solutions juridiques qui ne pourront pas être sans conséquences sur les mères (I), les enfants (II), les femmes en général (III), et particulièrement les femmes socialement défavorisées (IV).

On ne pourra pas dire qu'on ne savait pas.

I

Des mères incertaines

Selon un vieil adage juridique, « *Mater semper certa est*[1] » : la mère est toujours certaine puisque c'est celle qui accouche, et on peut donc vérifier *de visu* qui elle est. La définition est reprise dans le Code civil, selon lequel la mère de l'enfant est celle qui accouche. L'action en recherche de maternité suppose ainsi que l'enfant prouve « qu'il est celui dont la mère prétendue a accouché » (art. 325 du Code civil) et la maternité peut être contestée « en rapportant la preuve que la mère n'a pas accouché de l'enfant » (art. 332 du Code civil).

Comment va-t-on définir la mère avec la gestation pour autrui ? Est-ce la mère génétique (celle qui a fourni ses ovocytes) ? La mère porteuse ? La mère d'intention ?

1. Voir Henri Roland et Laurent Boyer, *Adages du droit français*, Litec, 4e éd., 1999.

Des critères fluctuants

Aux États-Unis, plusieurs critères alternatifs sont utilisés pour désigner la mère.

Certes, le droit américain est un droit de *Common Law*, alors que le droit français s'inscrit dans la tradition qu'on appelle « continentale » ou « de droit civil ». Il s'agit d'un droit casuistique, où ce sont principalement les juges qui déterminent la règle applicable et non pas le législateur comme en France. Il en résulte que, là où le législateur français envisage d'énoncer, par principe et de façon générale, qui doit être la mère, le juge américain statue au cas par cas en fonction des circonstances précises de la cause (à qui appartiennent les gamètes ? qui sont le couple commanditaire et la mère porteuse ? quel est le meilleur intérêt de l'enfant ? etc.).

L'opposition n'est cependant pas si tranchée en la matière. En premier lieu, plusieurs États américains ont adopté des législations propres relatives à la gestation pour autrui et défini donc quelques règles générales[1]. Certes, la réglementation de la maternité

1. Voir, par exemple, le *Uniform Parentage Act* de 2000, établi par la *Uniform Law Commission* et tendant à l'uniformisation de la législation en matière de filiation ; la section 8 traite du contrat de gestation pour autrui (« gestational agreement »). D'une façon

de substitution ne relève pas de la compétence de la fédération[1] et elle varie alors d'un État américain à un autre[2], ce qui occasionne au demeurant un important *forum shopping* (du latin *forum* signifiant aussi « tribunal » ou « juridiction ») : en d'autres termes, tous les États ne reconnaissant pas la validité de la gestation pour autrui, ou à des degrés et avec des régimes divers[3], les parties cherchent à s'installer dans celui qui est le plus favorable à leur projet. En outre, même en l'absence d'une législation, les juges américains doivent toujours nécessairement se prononcer, à titre liminaire et de façon générale, sur le principe de la validité des contrats de maternité pour autrui, avant de pouvoir leur faire produire des effets juridiques. À l'inverse, les juges français devront, comme

ou d'une autre, plus d'une vingtaine d'États américains ont adopté des législations sur la question.

1. Plusieurs droits et libertés relatifs à la procréation (par exemple, le droit à l'avortement ou encore le droit à la contraception) ont cependant été accordés par la Cour suprême des États-Unis sur le fondement du droit à la « privacy » (droit au respect de la vie privée).

2. Carla Spivack, « The Law of Surrogate Motherhood in the United States », *American Journal of Comparative Law*, 2010, p. 97 et suivantes.

3. Voir Jennifer Merchant, « Une gestation pour autrui "éthique" est possible », in *Travail, genre et société*, 2012/2 n° 28, novembre 2012, p. 183 et suivantes, accessible sur Cairn. info.

leurs homologues de *Common Law*, trancher au cas par cas les litiges concrets qui se présenteront devant eux à l'occasion de la mise en œuvre d'une gestation pour autrui.

Dans les États américains qui valident la gestation pour autrui, les juges passent souvent d'un extrême à l'autre et de Charybde en Scylla selon les besoins de la cause, l'objectif visé étant d'exclure la mère porteuse et de justifier que l'épouse du couple d'intention soit retenue comme la seule mère légale de l'enfant.

Ainsi, lorsque l'enfant est génétiquement celui de l'un ou l'autre des parents d'intention, on assimile la filiation au biologique. On peut citer en ce sens la décision *J. F. v. D. B.*, dans laquelle la Cour d'appel de l'Ohio a jugé que, selon la loi de l'État, « les individus qui fournissent les gènes de l'enfant en sont les parents naturels[1] ». La mère porteuse est alors exclue dès lors qu'elle n'est pas la mère génétique de l'enfant. Ainsi encore, dans une célèbre affaire *Johnson v. Calvert*, une jeune femme noire de vingt-neuf ans (sur l'aspect racial de la question, voir *infra*, p. 113), Anna L. Johnson, avait refusé de remettre au couple Calvert l'enfant qu'elle avait porté pour eux. En octobre 1990, les premiers juges décidèrent

1. « The individuals who provide the genes of that child are the natural parents », cité par Carla Spivack, art. précité, p. 105.

que la mère porteuse n'avait aucun droit parental sur l'enfant qu'elle portait, dans la mesure où l'ovocyte n'était pas le sien mais celui d'une autre femme[1]. Ils recommandèrent alors simplement au couple d'intention d'envoyer de temps en temps une photographie ou un petit mot de l'enfant à la mère porteuse, à titre de consolation…

Le plus souvent, et surtout lorsque aucun des deux membres du couple d'intention n'a fourni les gamètes nécessaires à la fabrication de l'enfant, on définit la filiation comme pure « intention ». Il en fut ainsi par exemple dans une affaire *In re Marriage of Buzzanca*, où les parents d'intention n'étaient pas les parents biologiques dans la mesure où ni l'homme ni la femme n'avaient donné leurs gamètes en vue de la fabrication de l'embryon inséminé dans le ventre de la mère porteuse. Précisons d'ailleurs que, en l'espèce, le litige était né de ce que le couple d'intention

---

1. Voir Anita L. Allen, « The Black Surrogate Mother », *Harvard Blackletter Journal*, 1991, p. 22. Dans une décision du 20 mai 1993, la Cour suprême de Californie confirma la solution, mais au motif principal que la mère de l'enfant est celle qui a eu l'intention d'avoir l'enfant et de l'élever ; elle insiste cependant aussi à plusieurs reprises sur le fait que la mère porteuse n'était pas en l'espèce la mère génétique de l'enfant (« Crispina [la mère d'intention] is the child's mother under California law because she, not Anna, provided the ovum for the in vitro fertilization procedure, intending to raise the child as her own »).

s'était séparé pendant la grossesse et que l'homme ne voulait dès lors plus avoir aucun lien avec l'enfant (dont par ailleurs la mère porteuse ne voulait pas non plus). Dans une décision de 1998, la Cour d'appel de Californie retint la paternité de l'homme, en faisant un parallèle avec l'insémination avec tiers-donneur où le père est également le père d'intention et non pas le donneur de gamètes. Elle conclut alors que « même si ni Luanne ni John [le couple d'intention] ne sont liés biologiquement à Jaycee [l'enfant], ils sont néanmoins ses parents légaux étant donné leur rôle initiateur dans sa conception et sa naissance en tant que parents d'intention[1] ».

La primauté de l'intention

La légalisation de la gestation pour autrui en France supposerait aussi de déterminer qui est la mère de l'enfant.

La logique de la gestation pour autrui conduit à retenir que la mère est la femme du couple « d'intention », même si, comme le propose le Sénat français

1. « Even though neither Luanne nor John are biologically related to Jaycee, they are still her lawful parents given their initiating role as the intended parents in her conception and birth ».

dans son rapport d'information du 25 juin 2008, on donne priorité à la gestatrice pour décider d'être la mère légale de l'enfant si elle le souhaite.

La mère est alors celle qui « désire » l'enfant. Plus prosaïquement, elle est celle qui « commande » l'enfant. Curieusement cependant, dans les contrats conclus aux États-Unis, la mère d'intention n'est, le plus souvent, pas partie au contrat avec la mère porteuse. Celle dont le droit envisage qu'elle soit déclarée « mère » peut donc n'être pas contractante et n'avoir pas « commandé » l'enfant. Elle a simplement l'« intention » d'être mère.

Sous quelle forme devra-t-elle alors manifester cette intention ? Et sera-t-elle autorisée à changer d'avis, notamment si elle est séparée du père au moment de l'accouchement et qu'elle n'a plus l'intention d'être mère ?

Juridiquement, la mère n'est ainsi "que" l'épouse de celui qui contracte avec la mère porteuse.

Faudra-t-il dès lors, en parallèle avec la présomption de paternité pesant sur le mari de la mère, et qui subsiste encore dans notre Code civil comme une réminiscence du lien entre le mariage et la filiation, instaurer une présomption de maternité en faveur de l'épouse du père ? « *Pater is est quem nuptiae demonstrant* », disait l'adage classique : le père est celui que les noces démontrent, c'est-à-dire que le mari de la mère est présumé être le père de l'enfant. Il faudrait alors ajouter désormais que « *Mater is est quem nuptiae demonstrant* » : l'épouse du père est présumée être la mère de l'enfant. À supposer bien sûr que la gestation pour autrui soit réservée aux couples mariés, car sinon la mère devrait, plus largement, être celle qui vit en union avec le père, ou plus précisément celle qui vit en union avec le père au moment où celui-ci contracte avec une mère porteuse.

Et *quid* avec le mariage homosexuel ? La notion de présomption n'a alors plus aucun sens. En droit en effet, une présomption est un moyen de preuve qui permet de déduire d'un fait connu avéré la vraisemblance du fait inconnu à démontrer. Or il n'est pas question ici de *prouver*, c'est-à-dire de démontrer la véracité du fait que les deux femmes ou les deux hommes mariés sont les pères et mères biologiques de l'enfant, puisque ce fait est impossible et donc nécessairement faux.

L'article 539.1 du Code civil du Québec régissant la filiation des enfants nés d'une procréation assistée dans un couple de femmes homosexuelles donne une petite idée des difficultés. Ce texte énonce que « lorsque les parents [qui doivent être « époux ou conjoints unis civilement »] sont tous deux de sexe féminin, les droits et obligations que la loi attribue au père, là où ils se distinguent de ceux de la mère, sont attribués à *celle des deux mères qui n'a pas donné naissance à l'enfant* » (souligné par nous). Contrairement aux définitions juridiques les mieux acquises, la femme « qui n'a pas donné naissance à l'enfant » se voit ainsi qualifiée de mère. La principale difficulté est cependant contournée et masquée par l'utilisation de la formule négative, qui ne peut constituer un critère de la maternité ; en effet, toutes les femmes du monde sauf celle qui a accouché « n'ont pas donné naissance à l'enfant ». La confusion est renforcée par le fait que les « deux mères » reconnues par le texte sont désignées par des critères contradictoires : la mère est, dans la même phrase et dans le même temps, celle qui accouche, mais aussi « celle qui ne donne pas naissance à l'enfant », et donc celle qui n'accouche pas.

La loi doit en réalité autoritairement attribuer le qualificatif de mère à une autre femme que celle qui accouche. Si on légalise la gestation pour autrui, elle ne peut être que la mère d'intention. Au demeurant, si c'est un couple de femmes qui a recours à une mère porteuse, aucune des deux mères n'aura accouché de l'enfant. Et si c'est un couple d'hommes, on retiendra probablement que l'enfant a deux pères et aucune mère.

L'adoption du critère juridique de l'intention pour désigner le couple commanditaire comme parents légaux suppose de couper de force le biologique et de chasser à tout prix le naturel. Il s'agit de convaincre que la filiation n'est qu'affection et éducation.

Le rapport d'information du Sénat français du 25 juin 2008 qui entendait ouvrir la porte à la maternité pour autrui[1] souligne que « la gestatrice ne devrait pas être la mère génétique de l'enfant », et « l'ovocyte devrait ainsi provenir de la mère d'intention ou, à défaut, d'une tierce donneuse ». L'explication est donnée crûment et apparemment sans état d'âme : il faut faciliter le « désinvestissement affectif » (*sic*) de la mère porteuse lors de la grossesse. Il faut casser de gré ou de force les liens affectifs de la mère porteuse, réduite autant que possible à un simple utérus et à un simple instrument, pour mieux valoriser ceux des parents d'intention. La directive a été reprise sans hésitation par une proposition de loi tendant à autoriser et encadrer la gestation pour autrui, qui dispose qu'« une femme ne peut porter pour autrui un enfant conçu avec ses propres ovocytes[2] ».

1. Voir *supra*, note 1, p. 12.

2. Proposition de loi n° 233 enregistrée au Sénat le 27 janvier 2010, projet d'article L. 2143-3.

La mère porteuse doit aussi faire un travail sur elle et s'autopersuader qu'elle n'est pas la mère. Ainsi, des femmes ayant porté des enfants pour d'autres expliquent lors d'interviews qu'elles ont dû se « laver le cerveau » (« I brainwashed myself ») ou encore s'efforcer de « se penser comme simplement des sacs ou des couveuses » (« to think of themselves simply as carriers or incubators[1] »). Elles évitent en outre que des relations ne s'établissent avec leur propre famille.

Ce changement de définition de la parenté aura des effets logiques et structurels. On en a vu les conséquences en matière de mariage : la réduction progressive du couple au seul lien d'amour et d'affection a conduit, logiquement et nécessairement, à admettre en mai 2004 un divorce pour cause objective : l'« altération définitive du lien conjugal » (article 237 du Code civil), qui se définit par la cessation de la communauté de vie entre les époux depuis au moins deux ans. Si le lien est, juridiquement, défini par une pure intention et une pure affection, il est logique qu'il cesse en cas de disparition de celles-ci. Mais ce qui est

1. Claire Snowdon, « What Makes a Mother ? Interviews With Women Involved in Egg Donation and Surrogacy », in *Birth*, vol. 21(2), 1994, p. 82, citée par Bryn Williams-Jones, « Commercial Surrogacy and the Redefinition of Motherhood », *The Journal of Philosophy, Science and Law*, vol. 2, février 2002.

admissible en matière de couple est grave de conséquences en matière de filiation. Les devoirs liés à la mise au monde d'un enfant ne peuvent varier ou cesser au gré de l'évolution des sentiments et des intentions. C'est la crainte qu'on ne peut manquer d'avoir lorsque l'on entend vanter la procréation médicalement assistée, et notamment la gestation pour autrui, au motif que, lorsqu'un enfant est ainsi conçu, il serait tout particulièrement désiré et attendu : la carte ne pourra que se retourner si ce désir et cet amour disparaissent, et le prix en sera payé par l'enfant.

Le déni de la réalité

La filiation est en réalité toujours – et nécessairement – un mélange de biologique et de volonté, et aucun de ces deux éléments ne peut être totalement isolé ou évacué.

Une définition purement biologique de la filiation, qui nierait le caractère fondamental de la volonté, donnerait à voir ce que Pierre Legendre appelle une « conception bouchère de la filiation[1] ». Certaines

1. « La promotion biomédicale du lien parental comme lien de génitalité [...] a, sans heurts apparents et par touches successives, poussé dans le sens de ce que j'appelle une conception bouchère

revendications glissent néanmoins sur cette pente. Ainsi, la Cour européenne des droits de l'homme a, dans un arrêt *Dickson c. Royaume-Uni* du 4 décembre 2007, condamné le Royaume-Uni au motif que ce pays n'avait pas respecté le « droit » des requérants au « respect de leur décision de devenir parents génétiques » et donc violé l'article 8 de la Convention européenne de sauvegarde des droits de l'homme (droit au respect de la vie privée et familiale). Ceux-ci s'étaient plaints de ce qu'on leur avait refusé la possibilité de bénéficier d'une insémination artificielle alors qu'ils n'avaient pas la possibilité de concevoir, autrement, un enfant biologique : l'homme, né en 1972, ayant été condamné pour meurtre, était en effet en prison pour quinze ans, tandis que sa femme, bien que tout juste libérée, aurait été trop âgée pour faire un enfant à la sortie de prison de son époux (elle était née en 1958). Ce que la Cour européenne met en place sous le nom d'un droit de chacun au respect de sa décision de devenir parent génétique implique nécessairement d'instituer, non seulement un « droit à l'enfant », mais encore un droit à avoir un enfant « génétique », c'est-à-dire un enfant issu de ses propres gamètes. Comprend-elle ce que tout cela signifie ?

---

de la filiation » : Pierre Legendre, *Leçons VI, Les Enfants du Texte. Étude sur la fonction parentale des États*, Fayard, 1993, p. 304-305.

À l'inverse cependant, la filiation ne peut pas être qu'une question de volonté et d'intention. On ne peut congédier totalement la nature et, en particulier, la différence des sexes[1]. Tout enfant est de toutes les façons toujours un enfant « biologique », en ce sens qu'il a bien fallu une rencontre de gamètes humains et une gestation dans le ventre d'une femme pour le mettre au monde.

Le droit français est alors un savant mélange entre ces deux orientations. Il donne une place importante à ce qu'il nomme la « vérité biologique », notamment en ce qu'il permet aux « véritables parents[2] » (c'est-à-dire précisément aux parents biologiques) de contester la paternité ou la maternité de l'enfant pour établir le lien avec eux. La Cour de cassation a même jugé, dans un important arrêt du 28 mars 2000, que « l'expertise biologique est de droit en matière de filiation, sauf s'il existe un motif légitime de ne pas y procéder » (par exemple, si la demande d'annulation d'un lien de filiation est justifiée par un motif purement financier).

---

1. Voir Sylviane Agacinski, *Femmes entre sexe et genre*, Seuil, coll. « La librairie du XXIe siècle », 2012, qui montre l'impossibilité de « dénaturaliser » et de dénier la différence sexuelle. Voir cependant Marjorie Shultz, « Reproductive Technology and Intent-Based Parenthood : An Opportunity for Gender Neutrality », *Wisconsin Law Review*, 1990, p. 302.

2. La formule est utilisée par l'article 333 du Code civil.

Il résulte de cet arrêt que le parent biologique pourra, s'il réussit à rapporter cette preuve génétique, établir le lien juridique de parenté avec l'enfant. D'autres règles, cependant, permettent à l'inverse de respecter une « vérité sociologique », c'est-à-dire une filiation fondée sur des volontés et des comportements vis-à-vis de l'enfant : on va ainsi admettre que la paternité se prouve aussi par le fait d'avoir traité l'enfant comme le sien, ou encore qu'au bout d'un certain temps il n'est plus possible aux parents biologiques de venir détruire un lien de filiation établi de longue date avec d'autres.

Plus on cherche fallacieusement à rabattre la filiation sur l'une ou l'autre de ces deux composantes, et plus l'autre vient soudainement faire irruption. La remarque d'Horace est une fois de plus vérifiée : tu peux chasser le naturel à coups de fourche, il reviendra toujours au galop (« *Naturam expelles furca, tamen usque recurret*[1] »).

Ainsi, dans la gestation pour autrui, la revendication de lier la filiation à la seule intention conduit, par ailleurs, c'est-à-dire ici du côté de la mère porteuse, à valider un processus purement technique et

1. *Épître* 1, 10, 24. On retrouve l'idée dans l'un des vers de Boileau (*Satire*, XI) :

« Le naturel toujours sort et sait se montrer ;
Vainement on l'arrête, on le force à rentrer ;
Il rompt tout, perce tout, et trouve enfin passage. »

biologique, qui nie alors radicalement la volonté, l'intention et les sentiments de cette dernière. De même, le couple d'intention cherche souvent à compenser par des rituels gestuels et concrets le manque de matérialité de leur parenté. Des psychanalystes ayant procédé à des entretiens cliniques avec des couples et des mères porteuses expliquent ainsi que « la pratique d'allaitement par des mères d'intention – de plus en plus courante en Ontario et dans certaines cliniques des États-Unis – vise aussi à donner plus de réalité corporelle et de substance à ces maternités par GPA et donc, précisément, à mettre l'accent sur la composante biologique de la parenté[1] ». C'est encore souvent la mère d'intention qui coupe le cordon ombilical au moment de l'accouchement de la mère porteuse[2]. Enfin, ces auteurs rapportent le cas d'un accouchement durant lequel le père d'intention et le mari de la mère porteuse tenaient chacun l'une des jambes de la mère porteuse, tandis que la mère d'intention se voyait donner

1. Geneviève Delaisi de Parseval et Chantal Collard, « La gestation pour autrui. Un bricolage des représentations de la paternité et de la maternité euro-américaines », *L'Homme*, 183/ juillet-septembre 2007, p. 41. Les deux auteurs expliquent que la mère d'intention prépare ses glandes mammaires par une prise de pilules quelques mois avant la naissance et procède ensuite à une stimulation à l'aide d'un tire-lait (p. 37, note 15).

2. *Ibid.*, p. 47.

des gants chirurgicaux pour qu'elle puisse toucher la tête du bébé au moment où il apparaîtrait[1].

Plus généralement, alors qu'on voudrait nous faire croire que l'on pourrait, avec la procréation médicalement assistée, échapper à un destin biologique (Françoise Héritier se félicite ainsi de « l'invention de techniques de procréation – don de gamètes, j'insiste sur la notion de don – qui permettent de sortir d'un destin organique[2] »), il faut nécessairement au contraire, pour mettre en œuvre ces techniques, produire toujours plus de gamètes et d'embryons, et techniciser et médicaliser toujours davantage la reproduction.

La définition biologique de la filiation ne manquera pas non plus de réapparaître lorsque des couples de femmes se sépareront alors que chacune s'est fait faire son propre enfant biologique : malgré l'adoption conjointe des enfants du couple, chacune revendiquera sans aucun doute – et obtiendra probablement – la garde de son (ses) enfant(s) biologique(s).

Le langage donne souvent à voir une partie de l'inconscient par ailleurs refoulé.

---

1. *Ibid.*, p. 36.

2. *Marianne*, n° 821, 12-18 janvier 2013, p. 45. Elle a cependant affirmé ensuite son opposition à la gestation pour autrui marchande : « Oui au mariage homosexuel, non à la gestation pour autrui », *Marianne*, 4 février 2013, entretien avec Philippe Petit.

La maternité de « substitution » fait ainsi immanquablement penser, pour les juristes, à la « substitution d'enfants » (le fait d'échanger des enfants à la naissance) qui, comme la « supposition d'enfants » (le fait de faire croire que l'on a accouché d'un enfant pour s'en faire attribuer la maternité), est interdite et pénalement sanctionnée (lorsqu'elle est volontaire), en ce qu'elle est constitutive de ce que le Code pénal appelle des « atteintes à la filiation ». Selon l'article 227-13 de ce Code, « la substitution volontaire, la simulation ou dissimulation ayant entraîné une atteinte à l'état civil d'un enfant est punie de trois ans d'emprisonnement et de 45 000 euros d'amende ». En l'état du droit positif, une femme qui voudrait fallacieusement déclarer l'enfant né d'une mère porteuse comme étant le sien s'exposerait à être condamnée sur ce fondement.

Quant aux femmes portant les enfants, elles sont appelées les « mères » porteuses ou les « mères » de substitution, avant de se voir, dans le même mouvement, refuser cette qualification au motif que la mère de l'enfant ne serait plus celle qui accouche (à l'encontre de toutes les définitions juridiques les plus acquises), mais celle qui désire l'enfant. Il faut relire le psychanalyste Octave Mannoni et son célèbre « Je sais bien mais quand même… », caractéristique selon lui du déni[1] : je sais bien que la mère porteuse est la mère mais quand même… Le législateur sent au demeurant qu'il ne peut pas totalement dénier à la femme qui accouche son statut de mère. C'est ainsi que le rapport d'information du Sénat français du 25 juin 2008[2], qui entendait légaliser en France la pratique des mères porteuses, admet qu'« il est essentiel que la gestatrice puisse devenir la mère légale de l'enfant si elle le souhaite ». Elle peut donc être la mère, et elle est même en réalité, reconnaît-on, prioritairement (naturellement ?) la mère. Elle aura d'ailleurs sans doute droit à un congé de maternité.

Si la mère porteuse se voit reconnaître le droit de garder l'enfant, on imagine tout de même avec une certaine appréhension (le cas s'est produit aux États-Unis[3]) les chantages possibles pour obtenir un peu plus d'argent ou d'avantages de la part des parents d'intention au motif qu'elle aurait plus de mal que prévu à se séparer de l'enfant. Mais, à l'inverse, si on ne lui reconnaît pas ce droit, il faudra nécessairement accepter que son bébé lui soit retiré, au besoin par la force. Car

1. Octave Mannoni, « Je sais bien, mais quand même… », *Les Temps modernes*, n° 212, janvier 1964, republié in *Revue incidence*, n° 2, octobre 2006, numéro consacré au thème : « Le déni de réalité ».

2. Voir *supra*, note 1, p. 12.

3. Voir Anita L. Allen, « The Black Surrogate Mother », *Harvard Blackletter Journal*, 1991, p. 21.

si la “vraie” mère est la mère d’intention, comme les contrats américains le répètent à l’envi pour mieux s’en persuader[1], au nom de quoi la mère porteuse aurait-elle le droit de décider finalement de garder l’enfant ? Les partisans d’une « GPA éthique » ne peuvent échapper à cette contradiction et, s’ils proclament que seule l’intention fait la mère, ils sont bien obligés d’admettre que le fait de porter l’enfant donne à la mère porteuse un droit qui prime sur celui de la mère d’intention[2].

Une réminiscence des débats sur l’enfant de l’esclave

Toutes ces questions de filiation nous ramènent à l’Antiquité, car, à l’époque de la République

1. Par exemple, la mère porteuse doit remettre l’enfant « au père génétique et à la mère d’intention, en tant que parents légaux, biologiques et naturels » (« to the Genetic Father and Intended Mother, as legal, biological and natural parents »).

2. Voir ainsi Élisabeth Badinter, « Je suis pour une GPA éthique », *Elle*, 8 mars 2013, qui, à la question de savoir qui est la mère, répond : « Je suis culturaliste, alors je vous réponds sans hésiter : la mère éleveuse. C’est elle qui a le projet d’enfant, qui l’accueille, qui l’aime, qui l’éduque », tout en affirmant, sans sembler voir la contradiction, que la mère porteuse « aurait jusqu’à six semaines après la naissance pour se rétracter et décider de garder l’enfant. Les parents n’auraient alors aucun recours ».

romaine, les juristes avaient dû s'interroger sur le statut de l'enfant de l'esclave, pour décider si, comme les fruits, ils devaient appartenir à l'usufruitier, c'est-à-dire au maître, ou si, faisant partie de la substance de la chose, ils devaient appartenir au nu-propriétaire, c'est-à-dire à la mère[1]. Les juristes de droit romain avaient alors refusé d'admettre que la femme qui enfante est semblable à un « terrain ensemencé » ou à un « animal fécondé » : les enfants sont des êtres humains et doivent donc être rattachés à celle qui les a mis au monde et non pas au maître de celle-ci[2]. Selon François Terré, « inspirant cette solution se trouve l'idée, même inconsciente, qu'il y a dans la reproduction de l'homme autre chose qu'une simple fabrication, et dans le corps humain autre chose qu'une simple machine à répétition. Bref, que le corps humain – celui de la mère comme celui de l'enfant – est doté d'une irréductible originalité[3] ».

Le lien avec l'esclavage n'est pas forcé ni exagéré, car la pratique de la gestation pour autrui met des

1. Voir François Terré, *L'Enfant de l'esclave*, Flammarion, 1987, spécialement p. 10 et suivantes.

2. *Ibid.*, p. 12-13.

3. La conclusion de son ouvrage est cependant plutôt favorable à la maternité pour autrui.

femmes au service et à la disposition d'autrui dans des proportions inédites depuis l'abolition de l'esclavage. La comparaison est ouvertement faite aux États-Unis : ainsi, par exemple, selon Jeremy Rifkin et Andrew Kimbrell, « une fois que les femmes, attirées par une rémunération, signeront ces contrats pour produire des bébés pour des clients, leurs corps deviendront des biens marchands ; elles deviendront des esclaves 24 heures par jour pendant 270 jours[1] ». D'autres rejettent l'assimilation au motif que le propriétaire de l'esclave avait un contrôle total sur celui-ci, ce qui n'est pas le cas dans la gestation pour autrui[2]. Certes, mais, comme nous le verrons, l'emprise des parents d'intention sur la mère porteuse est totalement exorbitante du droit commun.

1. « Once women, enticed by a fee, sign these contracts to produce babies for customers, their bodies become chattels ; they become commercial slaves 24 hours a day for 270 days », *in* « All commercial surrogacy contracts should be banned », *The Sunday Telegraph*, 20 septembre 1997.

2. Anita L. Allen, « Surrogacy, Slavery, and Ownership of Life », *Harvard Journal Law & Public Pol'y*, 1990, p. 139 et suivantes.

II

Des enfants-produits

L'enfant n'a cessé, dans les années récentes, d'être instrumentalisé. Plus les droits de l'enfant ont été affirmés haut et fort, plus l'intérêt de l'enfant a été brandi avec ferveur, et plus l'autonomie et la liberté de celui-ci ont été bafouées. Les juristes n'en sont pas nécessairement étonnés, qui ont l'habitude qu'un principe soit proclamé avant d'être méthodiquement sapé : c'est par exemple la loi du 10 août 2009 « réaffirmant le principe du repos dominical » qui a ouvert en France la porte au travail le dimanche ; ainsi encore, la loi du 7 juillet 2011 ayant pour effet d'autoriser en France la recherche sur l'embryon commence par claironner que « la recherche sur l'embryon humain, les cellules souches embryonnaires et les lignées de cellules souches est interdite ».

L'enfant comme moyen

Il y eut d'abord l'« *enfant-projet* », dont la qualification et le statut juridique dépendent entièrement du « projet » que ses parents conservent ou au contraire abandonnent à son égard. Ainsi, la loi du 6 août 2004 relative à la bioéthique prévoit que, en cas de diagnostic d'une anomalie grave sur un embryon, les deux membres du couple doivent décider s'ils confirment ou non leur intention de poursuivre leur projet parental, et que, s'ils l'abandonnent, ils peuvent consentir à ce que leur embryon soit utilisé pour des recherches scientifiques[1]. En l'absence même d'une telle anomalie, les deux membres du couple dont des embryons sont conservés sont consultés chaque année par écrit sur le point de savoir s'ils maintiennent leur projet parental. Ils peuvent, sinon, consentir à ce que leurs embryons soient accueillis par un autre couple, fassent l'objet d'une recherche, ou encore qu'il soit mis fin à la conservation de leurs embryons. Plus généralement, la loi du 7 juillet 2011 relative à la bioéthique énonce qu'une recherche sur l'embryon humain et les cellules souches embryonnaires ne peut

1. Désormais article L. 2131-4 du Code de la santé publique.

être menée qu'à partir d'embryons « qui ne font plus l'objet d'un projet parental ». L'embryon congelé n'est ainsi qu'un moyen au service du projet de ses parents, et ces derniers ont le pouvoir absolu de décider de le faire advenir ou de l'anéantir. L'intention d'être parents est ici déjà prédominante.

Il y eut ensuite l'« *enfant-médicament* ». La loi du 6 août 2004 relative à la bioéthique admit en effet, à titre expérimental, qu'un diagnostic préimplantatoire puisse être autorisé lorsque le couple a déjà « donné naissance à un enfant atteint d'une maladie génétique entraînant la mort dès les premières années de la vie et reconnue comme incurable au moment du diagnostic » et lorsque « le pronostic vital de cet enfant peut être amélioré, de façon décisive, par l'application sur celui-ci d'une thérapeutique ne portant pas atteinte à l'intégrité du corps de l'enfant né du transfert de l'embryon in utero[1] ». Le diagnostic a donc pour objet de sélectionner l'embryon à implanter dans le ventre de la mère afin que cet enfant une fois né puisse contribuer à l'application d'un traitement thérapeutique à son frère ou à sa sœur aînés (d'où son nom de « bébé-médicament »). L'article 22 de la loi du 7 juillet 2011 relative à la bioéthique a supprimé, à l'article L. 2131-4-1 du Code

1. Art. L. 2131-4-1 du Code de la santé publique.

de la santé publique, la mention du caractère expérimental, c'est-à-dire temporaire, de cette technique : le législateur estime donc que celle-ci a fait ses preuves et que, après avoir été expérimentée, elle doit désormais être pérennisée. Avec le bébé-médicament, l'intention se fait plus précise qu'avec l'enfant-projet : il ne s'agit plus seulement de vouloir, de façon générale, un enfant : il s'agit plus précisément de destiner celui-ci à une utilisation particulière.

L'enfant fabriqué et vendu

Il y aurait à présent les « *enfants-produits* », fabriqués par les uns pour être remis à d'autres. Le mouvement de production des êtres humains par la voie médicale a certes été initié déjà avec l'assistance médicale à la procréation[1], mais le "produit" n'était alors pas encore entièrement fabriqué par un autre que son destinataire. La gestation pour autrui passe à un stade ultérieur et à une différence de nature plus que de degré, en ce qu'elle implique la fabrication

1. Voir ainsi, dès 1987, Catherine Labrusse-Riou et Jean-Louis Baudouin, *Produire l'homme : de quel droit ? Étude juridique et éthique des procréations artificielles*, PUF, coll. « Les Voies du droit ».

et la remise d'un produit fini, même si celui-ci est éventuellement fabriqué avec les gamètes de l'un ou l'autre des membres du couple receveur.

On évite bien sûr de parler de "vente", puisque ce contrat est censé être réservé aux choses, les personnes ne pouvant plus être vendues, précisément depuis l'abolition de l'esclavage[1]. Cette qualification ne peut pourtant pas être si aisément balayée.

L'article 1582 du Code civil définit en effet la vente comme la « convention par laquelle l'un s'oblige à livrer une chose, et l'autre à la payer ». Or la mère porteuse s'oblige bien à remettre l'enfant aux parents d'intention, et les contrats américains parlent de « *delivery* », c'est-à-dire de « remise » ou de « livraison » de l'enfant, ce qui est précisément le vocabulaire utilisé en matière de vente. On parle de façon plus technique, en droit français de la vente, de « délivrance[2] » de la chose à l'acheteur, car elle ne correspond pas nécessairement à une obligation de « livraison » de la chose, si c'est au contraire l'acheteur qui doit venir

1. Le décret d'abolition de l'esclavage du 27 avril 1848 disposait ainsi qu'« à partir de la promulgation du présent décret dans les colonies, tout châtiment corporel, toute vente de personnes non libres, seront absolument interdits ».

2. S'agissant de la mère, on utilise en revanche en droit le terme d'« accouchement » et non pas de « délivrance » pour signifier la mise au monde de l'enfant.

chercher celle-ci auprès du vendeur (on dit alors que la chose est « quérable » et non pas « portable »).

On trouve dans les contrats américains la clause selon laquelle « la mère porteuse entend porter l'enfant (les enfants) du père génétique jusqu'à terme, et ensuite le(s) remettre au père génétique et à la mère d'intention[1] ». Il est parfois plus explicitement encore prévu que « l'objet du présent accord est que la mère porte et remette l'enfant (les enfants) biologique(s) du père génétique[2] ». Ces clauses figurent souvent sous l'intitulé « intentions des parties », pour ne pas utiliser le terme technique d'« obligation », qui est pourtant le terme courant en matière de contrats. Le mécanisme est de toutes les façons exactement le même, puisqu'il est prévu que la mère porteuse est obligée de restituer tous les fonds reçus si elle ne remet pas l'enfant au moment de l'accouchement. Par exemple : « la mère porteuse accepte de reverser tous les frais qui lui ont été payés par le père génétique et la mère d'intention si elle n'exécute pas tout élément substantiel de cet accord », étant précisé

1. « The Surrogate intends to carry the Child(ren) of the Genetic Father to term and thereafter *deliver* the Child(ren) to the Genetic Father and Intended Mother. »

2. « The objective of this Agreement is for the Surrogate to carry and deliver the biological Child(ren) of the Genetic Father. »

plus loin que « la mère porteuse viole cet accord si elle… ne remet pas l'enfant[1] ». Pour la convaincre de mener à bien l'opération, il est même stipulé qu'elle doit payer des indemnisations et pénalités diverses si elle ne transfère pas l'enfant à sa naissance.

L'enfant est donc bien dû en contrepartie du prix versé par les parents d'intention. Et, réciproquement, la somme d'argent est due par les parents en contrepartie de la délivrance de l'enfant, ce qui, en droit, est la définition du prix[2]. La gestation pour autrui n'est donc pas, juridiquement parlant, un don[3].

Dans une affaire *Surrogate Parenting Associates, Inc. v. Armstrong*, la Cour d'appel du Kentucky avait ainsi jugé que les parties avaient violé les lois de l'État relatives à la vente, lesquelles prohibaient la vente et l'achat d'enfants, même si, dans une décision de 1986, la Cour suprême du Kentucky avait ensuite rejeté ces qualifications.

---

1. « Surrogate agrees to refund all expenses paid to her by the Genetic Father and Intended Mother if she breaches any material portion of this Agreement » ; « The Surrogate breaches this Agreement if she… Fails to relinquish custody of the Child(ren). »

2. Voir le *Vocabulaire juridique* de Gérard Cornu et association Henri-Capitant (PUF, 2011), qui définit le prix comme la « somme d'argent due par l'acquéreur au vendeur ».

3. Sur la prétendue gratuité de l'opération, voir *infra*, p. 99.

De même, dans la célébrissime affaire *Baby M*[1], William Stern avait conclu un contrat avec Mary Beth Whitehead, rappelant que sa femme était stérile et prévoyant que madame Whitehead porterait l'enfant conçu avec son sperme puis le leur remettrait à sa naissance. Cette dernière refusa cependant ensuite de se séparer de son enfant. Par une décision du 3 février 1988, la Cour suprême du New Jersey annula le contrat de maternité de substitution comme étant contraire à l'ordre public. Selon cette juridiction, il ne fallait pas se voiler la face : le prix n'était pas stipulé pour « service » rendu, mais en contrepartie de l'adoption d'un enfant. La preuve en était que, au cas où l'enfant mourrait avant le quatrième mois de grossesse, il était prévu que le prix ne serait pas dû, et seulement 1000 dollars si l'enfant était mort-né, donc même si le « service » avait été pleinement rendu[2]. La mère porteuse ne

1. L'intitulé exact de cette affaire est « *In Re Baby M* ». La formulation d'origine latine « *in re* » signifie en droit américain « en ce qui concerne » et elle est utilisée lorsqu'une affaire judiciaire n'est pas intitulée par le nom des parties, mais par la chose (en latin, « *res* ») qui est l'objet du litige entre les parties : précisément ici l'enfant M.

2. « As for the contention that the Sterns are paying only for services and not for an adoption, we need note only that they would pay nothing in the event the child died before the fourth month of pregnancy, and only $ 1,000 if the child were stillborn, even though the "services" had been fully rendered. »

fait pas que permettre une adoption : elle fabrique et remet un enfant[1].

Certains répondront que la vente est un contrat qui transfère la « propriété » d'une chose et que, dès lors que l'on n'est pas propriétaire de son enfant, on ne peut en transférer la propriété. L'argument est en réalité circulaire, car si l'on ne peut être propriétaire que d'une chose et non pas d'une personne, en l'occurrence d'un enfant, c'est parce qu'on ne peut avoir sur une personne les droits d'un propriétaire sur sa chose, à savoir le droit d'user, de jouir (*i.e.* le droit d'en tirer les fruits, par exemple en cas de location) et surtout de disposer de celle-ci, c'est-à-dire notamment de la vendre. Mais, précisément, la gestation pour autrui institue comme on l'a vu une obligation de remise de l'enfant en contrepartie d'un paiement et donc reconnaît un droit de disposer de l'enfant. L'enfant est ainsi sans conteste réifié dans l'opération : au moment de l'accord des parties, il n'est de toutes les façons pas encore une personne puisqu'il n'est pas né (et, en droit, selon une division

1. Selon certains juristes, la qualification exacte serait alors plutôt celle de contrat d'entreprise et non pas de contrat de vente, puisque la fabrication de l'enfant « fait partie intégrante du contrat » (Aude Mirkovic, « Gestatrice indienne : transcription sur les registres d'état civil », obs. sous CA Rennes, 6e chambre A, 21 février 2012, n° 11/02758, *Recueil Dalloz* 2012, p. 878).

binaire fondamentale, tout ce qui n'est pas personne est chose) ; ensuite, il est la chose « objet » du contrat au sens juridique du terme, plus précisément une des choses échangées par les parties.

L'enfant abandonné

La mère porteuse cède bien en outre tous les droits qu'elle a sur son enfant, qui ne sont certes pas des droits de « propriété » au sens strict, mais qui permettent néanmoins de dire qu'il s'agit de « son » enfant. Après l'opération, il devient l'enfant d'une autre.

Juridiquement, la gestation pour autrui requiert en effet l'abandon de l'enfant, c'est-à-dire une renonciation de la mère porteuse à exercer ses droits et devoirs sur l'enfant. L'article 801 du *Uniform Parentage Act* américain de 2000 prévoit ainsi que « la future mère porteuse, son mari si elle est mariée, et les donneurs [de gamètes] abandonnent tous leurs droits et devoirs en tant que parents d'un enfant conçu avec une assistance médicale à la procréation[1] ». De même, la Cour suprême du New Jersey concluait, dans l'affaire *Baby*

---

1. « The prospective gestational mother, her husband if she is married, and the donors relinquish all rights and duties as the parents of a child conceived through assisted reproduction. »

M, qu'il s'agissait clairement de la vente d'un enfant, ou à tout le moins de la vente du droit de la mère à son enfant[1]. Si on admet, comme le suggérait le Sénat français dans son rapport d'information précité du 25 juin 2008, que la mère porteuse doit nécessairement avoir le droit, si elle le souhaite, de garder l'enfant, c'est donc qu'elle doit y renoncer si elle fait le choix de le laisser au couple d'intention. L'assemblée plénière de la Cour de cassation française avait au demeurant elle-même clairement énoncé, dans son arrêt précédemment cité du 31 mai 1991, que la convention de mère porteuse a pour objet qu'« une femme s'engage [...] à concevoir et à porter un enfant pour l'abandonner à sa naissance » et qu'elle est donc nulle, même lorsque la mère porteuse s'engage à titre gratuit. L'abandon d'enfant est en effet illicite (il est sanctionné civilement et pénalement), sauf le cas particulier de l'accouchement sous X. Les parents peuvent certes consentir à l'adoption plénière de leur enfant mineur, mais à des conditions très strictes, en particulier pour les enfants de moins de deux ans, et ce précisément pour éviter la création

1. « This is the sale of a child, or, at the very least, the sale of a mother's right to her child, the only mitigating factor being that one of the purchasers is the father. Almost every evil that prompted the prohibition on the payment of money in connection with adoptions exists here. »

d'un marché des enfants. Le Code pénal punit en outre ceux qui provoquent « les parents ou l'un d'entre eux à abandonner un enfant né ou à naître », et aussi le fait « de s'entremettre entre une personne désireuse d'adopter un enfant et un parent désireux d'abandonner son enfant né ou à naître » (art. 227-12).

En définitive, on invoque souvent, au soutien de la prohibition de la gestation pour autrui, l'idée de marchandisation du corps de la femme. Au regard du droit, la marchandisation la plus évidente est celle de l'enfant, indiscutablement traité, dans l'opération, comme un objet produit et abandonné à autrui contre une rémunération.

Si on admet cela, au nom de quoi interdirait-on alors, par exemple à des femmes qui souhaitent accoucher sous X, ou même à toutes les femmes qui ne voudraient plus de leur enfant, de céder celui-ci ou même simplement de le donner, à sa naissance, à un couple qui le voudrait ?

L'enfant défectueux

Une fois l'enfant traité comme un produit, il ne faudra pas s'étonner de voir arriver les problématiques et le vocabulaire juridiques liés aux produits défectueux.

Les contrats américains stipulent ainsi que la mère porteuse doit délivrer aux parents d'intention un enfant en bonne santé (*sic* : « a healthy Child »), en ajoutant cependant, avec réalisme, que l'obligation n'est qu'une obligation de moyens et non pas de résultat, c'est-à-dire que cette obligation ne vaut que dans la mesure du possible (« a healthy Child to the fullest extent that she is capable of doing so »).

Que jugera-t-on alors si l'enfant subit un dommage pendant la grossesse ? S'il naît malformé ou handicapé ? L'indemnité versée à la mère porteuse devra-t-elle être diminuée d'autant ? Et si la mère porteuse fait une fausse couche ? Ou si l'enfant meurt pendant la grossesse ou l'accouchement ? L'indemnité sera-t-elle toujours due ? *Quid* encore si c'est par la faute de la mère porteuse que le dommage est survenu (mauvaise hygiène de vie par exemple) ? Ou si c'est la mère porteuse qui a infecté l'enfant au moment de l'accouchement ? La mère porteuse devra-t-elle (et le pourra-t-elle ?) souscrire une assurance pour le cas où les choses se passeraient mal ? Que décidera-t-on si le dommage est dû à une défectuosité présente dans l'un ou l'autre des gamètes, par exemple une maladie génétique ? Et si les parents d'intention ne veulent plus de l'enfant ? S'ils se sont séparés ? Ou si l'un d'entre eux est décédé pendant la grossesse de la mère porteuse ?

Qu'en sera-t-il aussi des dommages causés à la mère porteuse à l'occasion de la fabrication de l'enfant ? Comme le fait remarquer pertinemment Sylviane Agacinski, le terme d'« indemnité » utilisé pour qualifier la nature de la réparation relève du champ sémantique de la réparation des dommages[1] (c'est vrai aussi de celui de « dédommagement » parfois utilisé), ce qui est « une façon involontaire d'avouer qu'une mère porteuse est victime d'un dommage[2] ». Pour prolonger son observation sur le plan juridique, que devra-t-on juger si la mère porteuse est à proprement parler victime d'un préjudice ? Si la grossesse ou la mise au monde de l'enfant lui provoquent des dommages irréversibles ? Ou même "seulement" si elle doit subir une césarienne ? Ou une épisiotomie ? Et si elle meurt au moment de l'accouchement ? Le couple d'intention devra-t-il réparer ces dommages ?

Que décidera-t-on – et qui décidera – s'il faut, à un moment ou à un autre, choisir entre la mère et l'enfant ?

La mère porteuse pourra-t-elle être indemnisée de ses troubles et angoisses subis pendant la grossesse

1. Il a de surcroît un autre sens en droit du travail, qui est également révélateur : voir *infra*, p. 105.

2. Sylviane Agacinski, *Corps en miettes*, Flammarion, 2009, p. 125.

et après l'accouchement ? Le droit français admet en effet aujourd'hui que les simples angoisses sont des préjudices réparables. Les juges ont ainsi pris en compte l'angoisse résultant de la présence voisine d'une antenne de téléphonie mobile, ou encore l'angoisse d'un patient à qui on annonce un risque de défectuosité d'une sonde qu'on lui a implantée, alors même qu'il n'a encore subi aucun préjudice corporel. La Cour de cassation a récemment fait de ce préjudice dit « d'anxiété » un préjudice spécifique et donc autonome, dans le contexte de salariés ayant été exposés à l'amiante et étant angoissés à l'idée de savoir qu'ils pourraient développer un jour une maladie liée à cette exposition. Or le Sénat admet lui-même ouvertement, dans son rapport d'information précité du 25 juin 2008, les troubles psychologiques divers pouvant être provoqués par la gestation pour autrui, et recommande même qu'un « accompagnement psychologique » soit proposé aux mères porteuses pendant la grossesse et après l'accouchement.

On reconnaît aussi aujourd'hui ce que l'on appelle le déficit ou préjudice fonctionnel, qui permet de réparer les atteintes aux fonctions physiologiques, mais aussi la perte de la qualité de vie et les troubles ressentis par la victime dans ses conditions d'existence personnelles, familiales et sociales. La notion a été consacrée par la Cour de cassation dans un arrêt du 28 mai 2009. La mère porteuse pourra-t-elle en obtenir réparation ? Ces souffrances font d'habitude partie des choses de la vie et sont largement compensées par l'arrivée d'un enfant, mais devront-elles ici être réparées si la mère porteuse doit se séparer de son enfant ? Ou l'indemnité versée est-elle, au sens juridique technique du terme, un « forfait pour solde de tout compte » ? Mais *quid* si un préjudice spécial, non prévu par les parties, survient ? Une souffrance particulière ? Si la mère porteuse fait une dépression nerveuse ? Ou si elle se suicide ?

La question se pose du fondement et du régime juridique de la responsabilité du couple d'intention vis-à-vis de la mère porteuse. Qu'il s'agisse d'une responsabilité contractuelle ou légale, les principales questions sont les mêmes. Doit-on retenir un régime de responsabilité pour faute, supposant que soit démontré un acte ou un fait illicite des parents d'intention ? Il faudrait sans doute plutôt appliquer un régime de responsabilité sans faute, dans la mesure où ce sont ces derniers qui sont à l'origine du risque. C'est en effet ce qu'énonce la célèbre théorie du « risque-créé » proposée par deux grands juristes au début du XXe siècle, Josserand et Saleilles. Selon ces derniers, doit être responsable même sans faute celui qui a introduit un risque dans la société, c'est-à-dire une potentialité de dommages, par exemple le conducteur d'un véhicule automobile. On pourrait de surcroît invoquer, toujours pour rendre responsables les parents d'intention, la non moins célèbre théorie du « risque-profit », au nom de laquelle doivent être responsables, toujours sans que leur faute ait à être démontrée, ceux qui profitent du résultat de l'activité risquée : c'est ainsi que l'on justifie par exemple la responsabilité des employeurs du fait de leurs salariés. « *Ubi emolumentum, ibi onus* », disait déjà l'adage de droit romain : où est le profit, doit aussi être la charge.

Les parents d'intention auront également des préjudices et des souffrances sans aucun doute immenses si la mère porteuse refuse de leur remettre l'enfant, ou si cette dernière avorte, ou encore si l'enfant naît malformé ou handicapé. Comment sera calculé leur préjudice moral ? Par rapport à quelles attentes ? Il faudra aussi déterminer les sanctions en cas de refus de la mère porteuse de remettre le bébé à la naissance. Pourra-t-il y avoir une exécution du contrat en nature, c'est-à-dire une remise forcée du bébé, comme cela a eu lieu dans l'affaire *Baby M* aux États-Unis et comme cela est prévu par certaines législations américaines[1] ?

1. L'article 807 du *Uniform Parentage Act* américain prévoit ainsi que, « à la naissance d'un enfant d'une mère porteuse, les

Faudra-t-il prévoir tout cela dans les contrats ? Qui rédigera ces contrats : des associations ? des avocats ? des notaires ? Quels seront les sentiments de l'enfant qui, une fois apte à comprendre, aura accès au détail des clauses et arrangements relatifs à sa naissance ? Faudra-t-il lui révéler les circonstances de sa naissance et aura-t-il le droit de connaître ses origines ?

Certes, la liberté contractuelle est plus restreinte en France qu'aux États-Unis, dans la mesure où davantage de matières sont régies par des règles légales impératives, c'est-à-dire des règles que les parties ne peuvent pas écarter à leur guise par contrat. Il est donc à prévoir que, dans les contrats qui seraient établis en France, davantage de clauses seraient considérées comme illicites, par exemple précisément une clause d'un contrat qui exonérerait l'une des parties de son obligation de réparer un dommage corporel causé à l'autre. Il faut

parents d'intention informeront le tribunal de ce qu'un enfant est né d'une mère porteuse dans les 300 jours après une procréation assistée. Le tribunal délivrera alors une injonction : (1) confirmant que les parents d'intention sont les parents de l'enfant ; (2) si nécessaire, ordonnant que l'enfant soit remis aux parents d'intention (« Upon birth of a child to a gestational mother, the intended parents shall file notice with the court that a child has been born to the gestational mother within 300 days after assisted reproduction. Thereupon, the court shall issue an order : (1) confirming that the intended parents are the parents of the child ; (2) if necessary, ordering that the child be surrendered to the intended parents »).

toutefois prendre acte d'un phénomène de fond, à l'œuvre depuis plusieurs années en France : un mouvement de « contractualisation » de la société[1], c'est-à-dire une intrusion plus grande du contrat dans des domaines traditionnellement régis de façon impérative par la loi (en droit de la famille, en droit du travail, dans le domaine judiciaire, et même en matière pénale). On admet ainsi aujourd'hui de plus en plus que les parties s'engagent, par contrat, à exécuter des obligations très personnelles mettant en jeu leurs libertés individuelles[2].

L'inévitable judiciarisation

Dans son rapport d'information du 25 juin 2008 précédemment cité sur la maternité pour autrui[3], le Sénat français croit avoir trouvé la parade. Il insiste sur la nécessité d'adopter « un régime légal, et non contractuel[4] », et explique que « le groupe de travail est hostile

1. Voir Alain Supiot, « La contractualisation de la société », intervention à l'Université de tous les savoirs, in *Qu'est-ce que l'humain ?*, dir. Yves Michaud, vol. 2, Odile Jacob, 2000, p. 157 et suivantes.
2. Voir *infra*, p. 82.
3. Voir *supra*, note 1, p. 12.
4. Certaines voix se font au demeurant entendre aussi en ce sens aux États-Unis : voir Jennifer Merchant, « Une gestation pour autrui "éthique" est possible », art. précité, p. 185.

à une contractualisation de la gestation pour autrui, d'autant que le droit commun des obligations serait inapplicable en l'espèce ». Il préconise alors « de définir dans la loi et de préciser par décret l'ensemble des règles applicables, comme en matière d'adoption par exemple », et propose un système statutaire, largement placé sous le contrôle de l'Agence de biomédecine. Cet établissement public administratif, créé en 2004 par la loi de bioéthique et actuellement compétent dans les domaines de la greffe, de la reproduction, de l'embryologie et de la génétique humaines, aurait ainsi pour rôle de veiller au bon déroulement des opérations.

Cette parade est illusoire. Le fait que la gestation pour autrui soit entièrement réglée par la loi et non pas abandonnée à l'accord des parties, c'est-à-dire au contrat, ne change pas fondamentalement la problématique. Ce point essentiel nous oblige ici à des développements plus techniques, qui nous font entrer plus avant dans la logique juridique.

Qu'il y ait ou non un contrat entre les parties, les principaux litiges potentiels demeureront fondamentalement les mêmes.

En particulier, même en l'absence d'un contrat valable, il faudra bien toujours déterminer qui est la mère de l'enfant. On le voit notamment en droit anglais, cité au demeurant en exemple par le Sénat, où un texte de loi (le *Surrogacy Arrangements Act* de 1985) décide, de façon générale, que les contrats de maternité de substitution sont dépourvus de toute force obligatoire. La mère porteuse est donc en principe la mère juridique de l'enfant, mais un texte ultérieur (le *Human Fertilisation and Embryology Act* de 2008) a précisé cependant que, sur demande formulée par deux personnes, les tribunaux peuvent délivrer une sorte d'« injonction parentale » (« a parental order ») ordonnant que l'enfant soit traité, en droit, comme l'enfant des demandeurs. Même si, comme le propose aussi le Sénat français, la mère porteuse a priorité pour garder l'enfant, des litiges peuvent survenir. Par exemple si la mère porteuse décide effectivement de garder l'enfant, pourra-t-elle néanmoins conserver toute l'indemnité fixée ? Les parents d'intention devront-ils payer la même somme, que l'enfant leur soit ou non remis ? La mère porteuse qui décide de garder l'enfant pourra-t-elle faire une action en recherche de paternité vis-à-vis du père d'intention, action qu'elle serait sûre de gagner si c'est avec les gamètes de ce dernier qu'a été faite l'insémination ?

Surtout, même s'il n'y a pas de contrat entre les parties, il faudra bien néanmoins déterminer, légalement ou réglementairement, les droits et les obligations des protagonistes. Là encore, la plupart des litiges évoqués pourraient survenir et, s'ils ne sont pas réglés par un contrat, ils devront l'être un jour ou l'autre par les tribunaux. Les litiges sur les éléments fondamentaux de l'accord deviendront des litiges sur les éléments essentiels de l'opération, à savoir principalement la "chose" et le prix. S'agissant de l'enfant, les juges devront décider ce qu'il convient de faire si plus personne n'en veut, s'il est handicapé ou diminué, ou encore s'il décède. De même, des contestations pourront survenir sur la rémunération de la mère porteuse, quand bien même celle-ci aurait été fixée par une agence ou par un juge : peut-elle être diminuée si l'enfant livré ne correspond pas à ce qui était prévu ? peut-elle être au contraire révisée à la hausse en cas de charges imprévues pour la mère porteuse ?

Il est plus qu'hasardeux d'affirmer de façon générale, comme le fait le Sénat, « que le droit commun des obligations serait inapplicable en l'espèce ».

En premier lieu, le *droit des contrats* lui-même, principale composante du droit commun des obligations[1], pourrait avoir vocation à s'appliquer, même si la loi essaie de le congédier.

---

1. Pour plus de développements sur tous les points qui suivent, voir nos ouvrages : *Les obligations*, PUF, coll. « Thémis droit », t. 1 : *Contrat et engagement unilatéral*, 3e éd., 2012, et t. 2 : *Responsabilité civile et quasi-contrats*, 3e éd., 2013.

L'illicéité n'est en effet pas toujours une menace suffisante pour dissuader les parties de conclure un contrat ou de stipuler certaines clauses. De fait, les contrats américains contiennent parfois des clauses illicites, voire contraires à la Constitution, dans l'espoir que celles-ci seront exécutées spontanément par la mère porteuse qui ne voudrait pas perdre l'indemnisation prévue en contrepartie. En France aussi, on voit de la même façon certaines clauses illicites dans des contrats proposés par des professionnels aux consommateurs dans l'idée que ceux-ci, soit qu'ils en ignorent l'illicéité, soit qu'ils soient réticents à faire un procès, les exécutent tout de même.

Il y aura en outre nécessairement, sous une forme ou sous une autre, des conventions entre chacun des protagonistes et l'agence chargée de les mettre en relation (par exemple, l'Agence de biomédecine dans le projet du Sénat). Il faudra bien prévoir qui peut s'inscrire (à la fois pour être mère porteuse ou pour les couples commanditaires), la marge de choix du couple bénéficiaire (pourra-t-il choisir sa mère porteuse – sur catalogue ? – ou l'agence lui en affectera-t-elle une d'office ?), les obligations de la mère porteuse, etc., et tous ces points ne manqueront pas de donner lieu à des litiges. C'est donc un leurre de croire qu'il suffit de bannir le contrat direct entre les parties pour faire disparaître tous les problèmes.

En deuxième lieu, le *droit de la responsabilité civile* – qui est aussi une composante du droit des obligations – ne pourra pas être évacué.

Une proposition de loi tendant à autoriser et encadrer la gestation pour autrui essaie pourtant également de le faire, en introduisant un article disposant qu'« aucune action en responsabilité ne peut être engagée, au titre d'une gestation pour autrui, par les membres du couple bénéficiaire de cette gestation, ou l'un d'entre eux, à l'encontre de la femme ayant accepté de porter en elle un ou plusieurs enfants pour leur compte[1] ». Toutes les actions en responsabilité du couple d'intention contre la mère porteuse seraient ainsi supprimées.

Ce texte laisse d'abord ouvertes les actions en responsabilité exercées à l'inverse contre le couple d'intention par la mère porteuse. Au demeurant, comme nous l'avons vu, les nombreux préjudices envisageables du côté de la mère porteuse (jusques et y compris son décès) sont pour la plupart corporels, et cette dernière ne pourrait donc pas être privée de son droit

1. Proposition de loi n° 233, enregistrée au Sénat le 27 janvier 2010, projet d'article L. 2143-8.

à réparation. Le projet de texte ne dit rien non plus – et ne les empêchera dès lors pas – sur les actions en responsabilité exercées par l'enfant à l'encontre de ses parents d'intention ou de la mère porteuse.

S'agissant en outre des actions en responsabilité exercées par le couple d'intention contre la mère porteuse, seules visées par la proposition de loi, elles ne pourront pas non plus être totalement bloquées. Le Conseil constitutionnel a en effet donné valeur constitutionnelle à certains principes de responsabilité qui s'imposent au législateur. Or il a jugé qu'une loi serait inconstitutionnelle si elle prévoyait un « régime soustrayant à toute réparation les dommages résultant de fautes civiles imputables à des personnes physiques ou morales de droit privé, quelle que soit la gravité de ces fautes[1] ». En clair, le législateur ne peut exclure les actions en responsabilité en présence d'une faute grave de l'auteur du dommage[2].

Pourtant, dans le cas d'une procréation médicalement assistée avec tiers donneur, l'actuel article 311-19

1. Décision n° 82-144 DC du 22 octobre 1982.

2. Il a réitéré cette position dans une décision n° 88-248 DC du 17 janvier 1989 sur la loi modifiant la loi n° 86-1067 du 30 septembre 1986 relative à la liberté de communication en affirmant que « nul ne saurait, par une disposition générale de la loi, être exonéré de toute responsabilité personnelle quelle que soit la nature ou la gravité de l'acte qui lui est imputé ».

du Code civil prévoit qu'« aucune action en responsabilité ne peut être exercée à l'encontre du donneur ». En réalité, pour les raisons indiquées, ce texte pourra être écarté dans un litige lorsque le donneur aura commis une faute grave : on peut imaginer par exemple qu'il ait sciemment caché une maladie génétique grave, ou encore le cas (qui s'est déjà produit[1]) d'un médecin qui aurait inséminé avec son propre sperme toutes ses patientes venues bénéficier d'une procréation assistée avec tiers donneur.

De la même façon, en cas de faute grave de la mère porteuse (un comportement à risque pour l'enfant par exemple), sa responsabilité pourra nécessairement être recherchée, même en présence d'une disposition législative l'excluant de façon générale comme la proposition précitée. Il y aura au demeurant plus d'occasions de faute de la part de la mère porteuse dans la mesure où, contrairement au don qui est anonyme, la gestation pour autrui sera source de relations, et donc

1. Voir par exemple le cas de Bertold Wiesner, scientifique britannique, qui a ainsi engendré près de 600 enfants entre les années 1940 et 1960, dans le cadre d'une clinique d'assistance médicale à la procréation qu'il avait fondée et qui promettait que le sperme utilisé serait pris parmi un stock de donneurs intelligents (« intelligent stock »). Ce cas a été révélé par le *Daily Mail* du 8 avril 2012 : « British scientist 'fathered 600 children' by donating sperm at his own fertility clinic ».

potentiellement de conflits, entre le couple commanditaire et la mère porteuse.

La Cour européenne des droits de l'homme, par un biais un peu différent, condamne également l'exclusion de tout droit à réparation, et donc de toute action en responsabilité civile. Elle part plutôt des victimes et exige clairement que chacune d'elles puisse individuellement faire entendre son droit à réparation. Le célèbre article 6 de la Convention européenne des droits de l'homme prévoit en effet que « toute personne a droit à ce que sa cause soit entendue », ce qui suppose, pour chaque victime prise individuellement, le droit d'accès effectif à un tribunal (arrêt *Golder* du 21 février 1975). Le Conseil constitutionnel adopte la même solution : il juge que la faculté d'agir en responsabilité met en œuvre une exigence constitutionnelle et que si le législateur peut, pour un motif d'intérêt général, apporter à ce principe des exclusions ou des limitations, c'est à la « condition qu'il n'en résulte pas une atteinte disproportionnée aux droits des victimes d'actes fautifs ainsi qu'au droit à un recours juridictionnel effectif qui découle de l'article 16 de la Déclaration de 1789[1] ».

1. Décision n° 2010-8 QPC du 18 juin 2010.

Serait en définitive inconstitutionnelle et contraire à la Convention européenne des droits de l'homme toute prohibition par la loi, pour une victime donnée, de faire valoir son droit à réparation. Les parents d'intention ne peuvent donc se voir privés, de façon générale, de toute action en responsabilité contre la mère porteuse.

On ne voit donc pas qu'un texte tel que celui proposé puisse passer le premier barrage du contrôle classique de constitutionnalité des lois[1]. À supposer même qu'elle soit adoptée sans saisine a priori du Conseil constitutionnel, une telle loi pourrait aujourd'hui être écartée d'un litige par la procédure de la question prioritaire de constitutionnalité (la fameuse « QPC ») mise en place par la réforme constitutionnelle du 23 juillet 2008 : selon cette nouvelle procédure, même une fois la loi promulguée, le Conseil constitutionnel peut être saisi à la demande de l'une des parties à un litige lorsqu'« une disposition législative porte atteinte aux droits et libertés que la Constitution garantit », ce qui serait indiscutablement le cas ici.

1. Ce contrôle, mis en place par la Constitution de la Ve République de 1958, est postérieur au vote de la loi et antérieur à sa promulgation ; il peut se faire uniquement sur saisine du président de la République, du Premier ministre, des présidents de l'Assemblée nationale ou du Sénat, ou enfin, depuis la réforme constitutionnelle de 1974, de 60 députés ou 60 sénateurs.

Des procès en responsabilité finiront donc nécessairement par survenir, et les professionnels du droit ou les agences en charge de l'organisation des gestations pour autrui devront alors méticuleusement informer les couples commanditaires et les mères porteuses potentielles de tous ces risques judiciaires, sous peine de voir à leur tour leur responsabilité engagée. Plus généralement, si le législateur fait le choix d'organiser une médiation par le biais d'une agence de régulation, c'est celle-ci qui sera poursuivie devant les tribunaux toutes les fois où l'une ou l'autre des parties ne le pourrait pas. On pourra aussi envisager la mise en jeu de la responsabilité de l'État.

Enfin, une troisième branche du droit des obligations – à nouveau bien imprudemment écarté d'un revers de main par le Sénat – pourra avoir vocation à s'appliquer : le *droit des quasi-contrats*. Celui-ci prévoit des règles de restitution des paiements (en argent ou en nature) indûment reçus, notamment pour éviter qu'une partie s'enrichisse injustement aux dépens d'autrui.

Or on peut imaginer – là encore, même si la loi prohibe de façon générale tout contrat et même si elle impose la gratuité de l'opération – que la mère porteuse ait, de fait, reçu des rémunérations occultes ou des gratifications diverses de la part des parents d'intention, dans l'espoir, de la part de ces derniers, que les choses se passent au mieux. En cas de litige, il faudra bien que les juges statuent sur le point de savoir si elles doivent ou non être restituées et ils pourront alors faire application des règles des quasi-contrats.

En définitive, il ne suffit pas de prohiber le contrat entre le couple d'intention et la mère porteuse pour faire disparaître tout éventuel contentieux, précisément parce que, de fait, il y a un lien et des relations entre ces personnes, et que celles-ci donneront lieu à des échanges et, partant, à des litiges potentiels.

Plus généralement, il est bien naïf de penser que l'affirmation de grands principes et, en particulier, l'adoption d'une loi pourront suffire à régler toutes les difficultés et, surtout, à éviter tous les contentieux.

L'intérêt de l'enfant

La notion d'intérêt de l'enfant est, sans surprise, mobilisée par les partisans comme par les adversaires de la gestation pour autrui. Le point de vue adopté – selon que l'on se place du côté d'un enfant particulier né de ces pratiques ou des enfants en général, c'est-à-dire de l'intérêt général – détermine en partie la solution prônée.

Pour un enfant déjà né d'une gestation pour autrui, son intérêt est sans doute parfois de se voir reconnaître une filiation avec ceux qui ont, de fait, commencé à s'occuper de lui. Mais, même de ce point de vue, les choses ne sont peut-être pas toujours aussi simples. Certains soulignent ainsi au contraire que la logique du « fait accompli » est l'une « des plus délétères concernant l'avenir d'un enfant quand elle valide une transgression juridique[1] ». Faudrait-il d'ailleurs aussi, pour prendre un autre exemple, légaliser la filiation incestueuse des enfants nés et élevés de fait par leurs deux parents biologiques ?

Le droit a en charge l'intérêt général et il ne peut encourager des pratiques illicites en approuvant et régularisant *a posteriori* ceux qui auraient transgressé l'interdit pour mettre les autorités devant le fait accompli. Au demeurant, même le Sénat français, qui est favorable à une certaine ouverture de la gestation pour autrui, affirme clairement, dans son rapport précité de juin 2008, que cette pratique « ne saurait être légalisée sous la seule pression du fait accompli ». On ne peut donc que se réjouir de voir la Cour de cassation française tenir bon et résister aux nombreuses pressions dont elle est l'objet. Elle a

1. Pierre Lévy-Soussan, *Destins de l'adoption*, Fayard, 2010, p. 46.

ainsi, dans plusieurs arrêts du 6 avril 2011, approuvé les cours d'appel d'avoir refusé la transcription sur l'état civil français de filiations établies à l'étranger à la suite de l'exécution de contrats de gestation pour autrui, en ajoutant que les jugements américains donnant effet à de telles conventions sont « contraires à la conception française de l'ordre public international », c'est-à-dire aux valeurs fondamentales de la France.

Aux États-Unis, la notion de « *best interests of the child* » est également mobilisée, et elle est même l'un des critères utilisés pour décider qui est la mère, à côté du critère biologique ou du critère de l'intention. Elle donne aux juges un pouvoir exorbitant puisque ce sont eux qui, au cas par cas et en fonction des faits de l'espèce, vont alors décider de la filiation qui est dans le meilleur intérêt de l'enfant. C'est ce qu'ils ont dit dès l'affaire *Baby M*, où l'application de cette notion a au demeurant conduit à une solution pour le moins "bâtarde" : en effet, le juge de la famille chargé, sur renvoi de la Cour suprême du New Jersey, de statuer sur le meilleur intérêt de l'enfant, décida que madame Whitehead, c'est-à-dire la mère porteuse, était bien la mère juridique de l'enfant, mais que la garde de celui-ci et son éducation devaient être confiées aux parents d'intention, c'est-à-dire aux époux Stern ; la mère légale de l'enfant ne se voyait alors octroyer qu'un simple droit de visite…

Où est l'intérêt de l'enfant, et où est sa liberté, lorsque des adultes font entre eux des arrangements pour déterminer qui seront ses père et mère[1] ? Lorsqu'il est traité comme un produit que la mère qui l'a porté doit remettre à un couple commanditaire contre une rémunération ? Après tant d'efforts et de combats pour que l'enfant soit considéré comme une personne à part entière, on admettrait sans résistance que l'enfant soit une chose que des adultes pourraient commander, fabriquer et s'échanger de gré à gré[2] ?

La gestation pour autrui fera naître des attentes encore plus précises et plus pressantes chez le couple demandeur, qui se reporteront nécessairement sur l'enfant. Il se pourrait au demeurant que les appellations empreintes d'idéalisme et de gloire que les partisans de

---

1. C'est l'argument de Jürgen Habermas à propos des modifications apportées au génome de l'enfant, in *L'Avenir de la nature humaine. Vers un eugénisme libéral ?*, Gallimard, coll. « NRF essais », 2002. Également en ce sens, Paul Thibaud, « Un abus de pouvoir des parents sur l'enfant », *Le Monde*, 27 septembre 2012.

2. Voir Catherine Labrusse-Riou, « Les problèmes éthiques des savants et l'expérience française », in *Funzione et funzionamento dei comitati etici*, Guido Gerin (dir.), CEDAM, 1991, p. 65, qui note qu'« après des siècles d'effort pour que l'enfant soit dans nos institutions une personne, nous reconstituons, au nom de notre pouvoir, de nos désirs, un enfant objet, produit de la technique, un enfant possiblement déterminé par des pouvoirs techniques qui reconstituent une puissance paternelle plus forte qu'elle n'a jamais pu exister autrefois ».

ces pratiques essaient d'introduire soient psychiquement plus lourdes encore à porter pour celui-ci. En anglais par exemple, on parle de « *saviour sibling* », donc de frère ou de sœur « sauveur », pour qualifier les bébés-médicaments, tandis que certains en France voudraient nous faire parler de « bébés du double espoir[1] ». Qu'en sera-t-il lorsque l'espoir sera déçu, et qui en sera déclaré responsable dans l'imaginaire des uns et des autres ?

Qu'en est-il aussi des dommages subis par les enfants ? Qu'éprouveront-ils en apprenant que leur mère les a portés pour de l'argent et qu'ils ont ainsi été vendus ? Comment vivront-ils le fait qu'elle les ait abandonnés à leur naissance, c'est-à-dire qu'elle ait renoncé à être leur mère ? Que déduiront les autres enfants de la mère porteuse en voyant leur mère se séparer d'un enfant qu'elle a porté ? L'enfant pourra-t-il demander la réparation de tous ses préjudices ? La Cour de cassation a en effet, par exemple, jugé que l'enfant issu d'un viol est recevable à demander réparation de son préjudice moral, l'enfant ayant invoqué le traumatisme psychologique lié à la connaissance des circonstances de sa conception[2].

1. Aline Cheynet de Beaupré, « Le bébé du double espoir », *Recueil Dalloz* 2011, p. 603.

2. Chambre criminelle de la Cour de cassation, 23 septembre 2010, ou encore 4 février 1998.

Certes, le viol est illicite, mais la gestation pour autrui l'est également aujourd'hui. Si cette pratique était légalisée, l'enfant ne pourrait plus invoquer ce seul fait comme origine de son dommage, mais il pourrait arguer d'autres circonstances spéciales fautives l'ayant traumatisé.

On doit admettre qu'on ignore encore les conséquences de la légalisation de ces pratiques pour les enfants. Si on se lance néanmoins dans l'aventure à l'aveugle, c'est alors qu'on accepte d'expérimenter sur eux. Le principe de précaution, qui requiert d'agir de façon circonspecte lorsqu'on ne sait pas, ne vaudrait-il donc pas pour les risques anthropologiques[1] ? Comme le souligne Pierre Lévy-Soussan, « on peut, bien sûr, penser que tout est possible pour un enfant ("il s'adaptera") », mais c'est « à charge pour lui de payer psychiquement le prix de cette adaptation[2] ».

1. Pour reprendre l'expression de Monette Vacquin, « Réflexion sur la notion de "risque anthropologique" », *Cahiers de recherche sociologique*, 2003, p. 175-195, qui évoque « le postulat d'une science bonne en soi, d'avancées techniques inéluctables et d'une résistance supposée illimitée de l'humain ».

2. Pierre Lévy-Soussan, *Destins de l'adoption*, *op. cit.*, p. 61. Dans le même sens, voir Monette Vacquin, « Sans mémoire, sans inconscient ? Réflexion sur l'anniversaire d'une absence », in *Travaux du Comité consultatif national d'éthique, 20e anniversaire*, coord. D. Sicard, PUF, coll. « Quadrige », 2003, p. 983 : on ne prend en compte « ni le risque psychique, d'emblée écarté ou

Les cas envisagés ne sont pas des hypothèses d'école et, même si on peut espérer qu'ils ne surviendront que quelques rares fois, leurs conséquences sur tous les protagonistes seront tellement graves qu'on ne peut et qu'on ne doit pas se résigner à les faire advenir.

De la procréation à la production d'enfants

Le débat est clairement posé. La procréation doit-elle rester principalement charnelle, ou devenir de façon générale une production technicisée d'enfants ? Faut-il reconnaître, comme le fait la Cour européenne des droits de l'homme dans l'arrêt *Dickson c. Royaume-Uni* déjà cité du 4 décembre 2007, un « droit de devenir parent génétique ». Faut-il admettre, comme le soutient un juriste américain, « une liberté de procréer de façon non coïtale[1] » ?

L'engrenage est ici inévitable. Il est clair en effet, juridiquement, que si la procréation médicalement assistée et la gestation pour autrui sont admises en

---

supposé résolu par l'"adaptation", ce qui est cynique, ni le risque anthropologique. Pouvons-nous tout supporter ? Et à quel prix ? ».

1. « Freedom to procreate noncoitally should also be recognized » : John A. Robertson, « Embryos, families, and procreative liberty : the legal structure of the new reproduction », *Southern California Law Review*, 1986, p. 956.

dehors des hypothèses de stérilité, c'est-à-dire d'impossibilité biologique et pathologique de procréer[1], il faudra nécessairement généraliser ces techniques et les légaliser pour tous, sous peine d'atteinte au principe constitutionnel d'égalité. Il faudra donc nécessairement admettre que tout le monde peut, sur simple convenance personnelle, avoir le droit de se faire fabriquer médicalement un enfant. De même, si l'assistance médicale à la procréation est autorisée pour les couples de femmes, il faudra nécessairement, toujours au nom de l'égalité, admettre l'assistance médicale à la procréation pour les couples d'hommes, c'est-à-dire la gestation pour autrui. L'engrenage est d'autant plus inévitable que l'assouplissement des conditions de l'adoption fera apparaître, de façon encore plus flagrante, le manque d'enfants adoptables et, partant, conduira à la volonté toujours plus grande d'en fabriquer.

L'évolution vers la technicisation de la reproduction est déjà perceptible avec le glissement sémantique entre l'« assistance médicale à la procréation » (AMP),

---

1. Outre le cas de risque de transmission d'une maladie grave. L'actuel article L. 2141-2 du Code de la santé publique énonce ainsi que « l'assistance médicale à la procréation a pour objet de remédier à l'infertilité d'un couple ou d'éviter la transmission à l'enfant ou à un membre du couple d'une maladie d'une particulière gravité. Le caractère pathologique de l'infertilité doit être médicalement diagnostiqué ».

qui est encore la formulation retenue dans le Code de la santé publique, et la « procréation médicalement assistée » (PMA), qui est le vocabulaire subrepticement introduit et aujourd'hui largement repris. La technique médicale n'apparaît plus alors comme un simple accompagnement d'une procréation charnelle, et c'est toute la procréation qui se trouve désormais médicalisée et technicisée.

L'office parlementaire d'évaluation des choix scientifiques et technologiques a bien vu ce risque et conclut ainsi, dans son rapport sur la révision des lois de bioéthique[1], que « les rapporteurs considèrent que les propositions visant à lever la prohibition de la gestation pour autrui en l'encadrant strictement ne lèvent pas les objections de fond qui entachent cette technique extrêmement "biologisante" ».

Le rôle de la médecine s'en trouvera en outre profondément modifié. Les médecins, qui endosseront dès lors le rôle de « fabricants » de vies humaines, doivent avoir conscience que ce nouveau pouvoir ira nécessairement de pair avec une responsabilité médicale accrue[2]. En cas de "raté" quelconque dans le processus de fabrication des enfants (et on peut

1. Assemblée nationale, n° 1325, 17 décembre 2008.

2. Sur le lien entre pouvoir médical et responsabilité, voir Catherine Labrusse-Riou, « Responsabilité, droit des personnes et

en imaginer de plusieurs types), la responsabilité du médecin pourra être engagée, pour faute dans l'exercice de son art ou pour manquement à son obligation d'information. Dès lors que l'on s'engage dans un processus de fabrication, les médecins seront nécessairement garants et responsables du bon déroulement de toutes les étapes : vérification des gamètes utilisées comme produits composants (sont-elles affectées d'un défaut, par exemple d'une maladie génétique ?), implantation de l'embryon, ou encore développement du fœtus.

Pour le juriste, la question essentielle n'est pas morale[1], et les critères de jugement ne peuvent pas être principalement moraux ni affectifs. Il ne s'agit pas de jeter la pierre à tel ou tel des protagonistes, et la réalité donnera évidemment à voir des égoïstes et des altruistes, des cupides et des généreux, des naïfs et des malintentionnés, et *in fine* des personnes

---

sciences de la vie », reproduit in *Écrits de bioéthique*, PUF, coll. « Quadrige », 2007, p. 287 et suivantes.

1. Pour la question morale, voir le dernier livre du philosophe américain Michael Sandel, *What Money Can't Buy. The Moral Limits of Markets*, Allen Lane, 2012, qui évoque le cas de la gestation pour autrui et, plus largement, la question de la « vente des enfants » (« baby selling »), prônée par le mouvement « Law and Economics » et son plus illustre représentant, Richard Posner (voir p. 95).

malheureuses et en souffrance, chez les couples d'intention comme chez les mères porteuses.

La question cruciale du droit est celle de savoir si nous voulons instituer une société où les enfants sont fabriqués et vendus comme des produits, et si nous sommes conscients des conséquences sur le regard que nous porterons sur eux, ainsi que sur les relations humaines et sociales qui en résulteront.

La légalisation de la gestation pour autrui ne concerne en effet pas que les seuls participants à ces arrangements : elle donnerait à voir, pour tous, un monde où l'on accepte que des enfants soient fabriqués et abandonnés contre de l'argent ou encore, comme nous allons le voir à présent, un monde où certains sont mis à la disposition des autres.

III

Des femmes à disposition

La gestation pour autrui institue une mise à disposition et une instrumentalisation des femmes sans précédent. Elle requiert en effet une emprise sur le corps des femmes et, plus largement, une atteinte démesurée à leurs droits et libertés fondamentales.

L'emprise sur le corps des femmes

L'intrusion dans le corps des femmes rendue nécessaire par la gestation pour autrui est déraisonnable. Elle est plus grande encore que dans la prostitution. Celle-ci laisse en effet en principe indemne le corps de la femme (sauf dérive condamnable, bien sûr), ce qui est très loin d'être le cas de la production d'enfants pour autrui.

Il ne faut pas négliger d'abord les graves conséquences physiques de la stimulation ovarienne et de la production d'ovocytes qui sont nécessaires à la gestation pour autrui, d'autant que, aujourd'hui, on évite comme nous l'avons vu que les ovocytes soient ceux de la mère porteuse afin que celle-ci s'attache moins à son enfant.

Le fait ensuite de porter un enfant pendant neuf mois est bien évidemment loin d'être anodin pour le corps de la femme. Certes, tout contrat de travail met également en jeu le corps du salarié[1], en ce qu'il emporte techniquement « mise à disposition » de la personne du salarié[2] et de sa force de travail[3], et ne crée donc pas simplement une « obligation de faire » à la charge de celui-ci. Dans le contrat de travail cependant, cette mise à disposition du corps du salarié est ponctuelle, temporaire, et la réglementation

1. Cette thèse a été soutenue par Alain Supiot, *Le juge et le droit du travail*, thèse, Bordeaux, 1979, et, du même auteur, *Critique du droit du travail*, PUF, coll. « Les voies du droit », 1994 (aujourd'hui en « Quadrige »).

2. Voir notre article : « Le contrat de travail défini par son objet », in *Le Travail en perspectives*, Alain Supiot (dir.), LGDJ, coll. « Droit et société », 1998, p. 101-124.

3. Thierry Revet analyse ainsi le contrat de travail comme un louage de la force de travail : *La force de travail (étude juridique)*, Litec, coll. « Bibliothèque de droit de l'entreprise », t. 28, 1992, préface de Frédéric Zénati.

minutieuse du temps de travail est précisément l'un des points cruciaux de la protection de celui-ci. À nouveau, même dans le contrat de prostitution, la durée de l'engagement est sans aucune mesure avec la gestation pour autrui : comme l'a fait remarquer un auteur américain commentant une décision ayant validé un contrat de gestation pour autrui, « si une femme peut licitement louer son utérus pour neuf mois, pourquoi le droit l'empêcherait-il de louer son vagin pour une heure ou deux[1] ? ».

Il y a enfin l'étape essentielle de l'accouchement – toujours douloureux et souvent risqué –, qui est totalement refoulée et déniée dans le vocabulaire euphémisant de mère "porteuse". La proposition de loi précitée tendant à autoriser et encadrer la gestation pour autrui dispose ainsi de façon tout à fait réductrice la définition suivante : « La gestation pour autrui est le fait, pour une femme, de porter en elle un ou plusieurs enfants conçus dans le cadre d'une

1. Voir Ruth Baum, « Letter to the Editor », *The San Francisco Chronicle*, 6 novembre 1990, p. 20 : « I've got just one question concerning the Anna Johnson surrogate mother case [il s'agit du cas Johnson c. Calvert précité] : If a woman can legally rent her uterus for nine months, why should the law prevent her from renting her vagina for an hour or two ? » (cité par Anita L. Allen, in « The Black Surrogate Mother », art. précité, note 1, p. 19).

assistance médicale à la procréation en vue de les remettre, à leur naissance, à un couple demandeur[1]. »

L'expression fréquente de « location d'utérus » sous-entend que l'utérus pourrait être un élément détachable de la femme elle-même et dissimule le fait que c'est tout le corps de la femme et, plus encore, toute sa personne et toute sa vie qui sont en réalité impliqués dans l'opération. Elle nie aussi la valeur métaphorique et symbolique du ventre de la femme, lieu de son moi profond : dans certaines traditions, on explique d'ailleurs ainsi comment, au moment du jugement de Salomon, et alors que deux femmes se disputaient le même enfant, la "vraie" mère (*sic*) s'est révélée en renonçant à sa prétention : « car ses entrailles étaient émues à cause de son fils », ce que d'autres traductions précisent : « car son utérus était affecté à cause de son fils[2] ».

Nous nous abstiendrons ici de longs développements féministes, qui ne seraient pourtant pas déplacés. Comment cependant ne pas souligner qu'il s'agit, dans la gestation pour autrui, de mettre uniquement – et pour cause – des femmes à disposition (ce qui

1. Proposition de loi n° 233 enregistrée au Sénat le 27 janvier 2010.

2. Joseph Mélèze Modrzejewski, *Un peuple de philosophes. Aux origines de la culture juive*, Fayard, coll. « Les Quarante Piliers », 2011, p. 57.

n'est pas, là encore, le cas de la prostitution) ? Les femmes doivent se laisser convaincre que le stade suprême de leur liberté est d'accepter d'être au service d'autrui. Un professeur de médecine, qui entend apporter tout son poids (scientifique ?) au soutien de la gestation pour autrui, nous explique que cette technique serait « fondée sur l'altruisme entre femmes qui existe depuis la nuit des temps[1] ». On retrouve le vieil argument essentialiste selon lequel les femmes seraient « par nature » altruistes. Il faudrait lire sérieusement certaines des études de genre américaines, parfois déformées lorsqu'elles traversent l'Atlantique[2], qui dénoncent fort opportunément l'essentialisation et les stéréotypes à l'œuvre, qui, il faut bien le dire, ne sont même pas dissimulés dans les propos tels que celui rapporté.

---

1. François Olivennes, « Les couples homosexuels hommes et femmes ont tous à part égale droit à la gestation pour autrui », *Le Monde* du 1er janvier 2013.

2. Pour une opportune mise au point, voir Sylviane Agacinski, *Femmes entre sexe et genre*, Le Seuil, coll. « La Librairie du XXIe siècle », 2012.

L'atteinte à la vie privée et à la liberté individuelle des femmes

L'intrusion dans la vie privée des mères porteuses et l'empiètement sur leur liberté individuelle sont également sans précédent. L'examen des contrats-types de gestation pour autrui aux États-Unis donne à voir des clauses absolument exorbitantes du droit commun. Les mères porteuses sont soumises à toute une série d'obligations personnelles, portant atteinte à tous leurs droits et libertés individuelles les plus fondamentaux, et ce dans des proportions jamais vues en droit commun des contrats.

Par exemple, les femmes ne peuvent pas, pendant leur grossesse, consommer de produits illicites (drogues), mais elles ne sont pas non plus autorisées à boire, à fumer, à absorber des boissons trop caféinées, à prendre des médicaments sans prescription médicale, à participer à des sports dangereux ou à des activités risquées. Il est souvent prévu que la mère porteuse accepte de ne pas voyager en dehors des États-Unis pendant le second terme de sa grossesse, sauf dans le cas d'une maladie très grave ou de la mort d'un membre de sa famille. Elles ne peuvent pas avoir, au cours de leur grossesse, de relations sexuelles non protégées avec quelqu'un d'autre que leur mari, et elles ne peuvent même pas, au moins en début de grossesse, avoir de relations sexuelles avec ce dernier. Elles doivent en outre prendre un certain nombre de vitamines et parfois même se soumettre à un certain régime alimentaire. Elles doivent enfin accepter de se soumettre à des visites médicales régulières et approfondies.

Le secret médical est totalement balayé : les parents d'intention ont en effet le droit d'assister à toutes les visites médicales, y compris les échographies, de se faire remettre tous les documents et comptes rendus médicaux de grossesse, et aussi d'être présents à l'accouchement.

Certaines clauses sont même ouvertement anticonstitutionnelles. Ainsi, par exemple, il est souvent rappelé que le droit à l'avortement est un droit constitutionnel de la femme, mais que la mère porteuse s'engage néanmoins à y renoncer[1]. À l'inverse, les contrats prévoient que, si l'enfant se révèle physiquement ou

1. « The Parties recognize that the Surrogate has the constitutional right to abort or not abort the pregnancy, however [...] », « The Surrogate waives any rights she may have to abort the pregnancy, except for medical reasons verified by a physician chosen by the Genetic Father and Intended Mother, or some other independent physician or obstetrician, not already involved with the Surrogate's pregnancy ».

psychologiquement handicapé, le couple d'intention sera seul habilité à décider si la mère porteuse doit ou non avorter[1], et ce contrairement à la liberté d'avorter, qui comprend bien évidemment également la liberté négative de *ne pas* avorter.

Le contrat des parties ne lie pas nécessairement en tous points les tribunaux américains[2], mais la mère porteuse exécute souvent spontanément toutes ses obligations sans se plaindre, et ce sous la pression psychologique et aussi bien sûr financière. Le contrat prévoit en effet souvent des pénalités en cas de non-exécution de l'une ou l'autre des obligations de la mère porteuse. Celle-ci craint donc, si elle soulève l'illicéité de l'une ou l'autre des clauses de son contrat, de perdre en conséquence l'indemnité financière qui était prévue en contrepartie.

Une telle aliénation d'un être humain et un tel renoncement à des droits et libertés fondamentales

1. « If the fetus(es) has been determined by any designated physician to be physically or psychologically abnormal, the decision to abort the pregnancy or not to abort the pregnancy shall be the sole decision of the Genetic Father and Intended Mother » ; « The Surrogate agrees to accept a clinical abortion under the circumstances stated in the foregoing paragraphs ».

2. Voir Ina Pantelejeva, « Are surrogate mother contracts enforceable ? », *International Journal of Baltic Law*, vol. 2, n° 3, juillet 2005, p. 24.

sont proprement inédits en droit. On sent bien que l'idéal, sur lequel certains médecins travaillent avec acharnement[1], serait que les mères porteuses soient des machines, concentrées et vouées corps et âme à leur unique fonction : fabriquer un enfant pour d'autres. Le journal *Le Monde* titrait ainsi un article présentant un ouvrage consacré à l'utérus artificiel[2] : « L'utérus artificiel ou la dernière frontière de l'humain[3] ». On sent ici le même émerveillement devant la science que dans la "une" du même journal qui, le mercredi 8 août 1945, sur-titrait l'annonce du lancement par les Américains de leur première bombe atomique sur le Japon par un triomphal : « Une révolution scientifique ».

En France, plusieurs de ces clauses prévoyant des obligations trop personnelles seraient illicites, mais cela n'empêchera pas de les stipuler, avec les effets escomptés déjà expliqués. D'autant que, depuis quelques années, les juges valident de plus en plus de telles clauses portant atteinte à des droits et libertés individuelles, même fondamentaux, lorsqu'ils estiment que l'atteinte est justifiée par un intérêt légitime et

1. Voir notamment Henri Atlan, *L'Utérus artificiel*, Le Seuil, 2005.

2. *Ibid.*

3. *Le Monde* du 11 mars 2005.

proportionnée à ce but[1]. Ils admettent ainsi que le contrat puisse obliger l'une des parties à habiter à un certain endroit, à porter une certaine tenue vestimentaire, ou même parfois à ne pas se marier. Or, si la gestation pour autrui était autorisée, il faudrait inévitablement mettre à la charge de la mère porteuse, et donc valider, toutes les obligations – très personnelles compte tenu de l'objet de l'opération – nécessaires pour mener celle-ci à bien. Une fois de plus, même si ces obligations ne sont pas prévues par un contrat, il faudra bien qu'elles le soient par la loi ou dans le statut organisé sous l'égide de l'Agence de biomédecine (dans le projet précédemment cité, proposé par le Sénat).

Le contrôle des consentements

Si la gestation pour autrui était autorisée, il faudrait en outre contrôler le consentement émis par les protagonistes, en particulier celui de la mère porteuse. Les difficultés juridiques seraient ici abyssales.

1. Voir ainsi deux récentes thèses de doctorat en droit : Lucien Maurin, *Contrat et droits fondamentaux*, LGDJ, coll. « Bibliothèque de droit privé », tome 545, 2013, préface d'Emmanuel Putman, et Aurore Hyde, *Les Atteintes aux libertés individuelles par contrat*, thèse Paris 1, novembre 2012, dir. Muriel Fabre-Magnan.

Les outils de contrôle du consentement se trouvent principalement en droit des contrats. Il s'agit cependant de règles générales qui seraient applicables même si le contrat était écarté, et donc même si l'opération était statutairement organisée par la loi. Dès lors qu'un consentement est requis, les juges doivent vérifier qu'il a été donné librement et de façon éclairée. En d'autres termes, le consentement de la mère porteuse ne doit pas avoir été « vicié », c'est-à-dire que celle-ci ne doit pas avoir été victime d'une erreur, d'un dol (c'est-à-dire d'une tromperie), ou encore d'une violence (c'est-à-dire d'une contrainte).

Si l'on peut éventuellement mobiliser ces outils classiques lorsque la mère porteuse affirme avoir été trompée ou contrainte, comment vérifier en revanche la validité de l'opération quand elle dit avoir consenti ? Va-t-on se contenter de cette assertion sans vérification ? *Quid*, ce qui n'est pas un cas d'école, si la femme est tellement dépendante ou tellement dans le besoin qu'elle n'ose pas remettre en cause l'arrangement intervenu, tout simplement parce qu'elle n'a pas le choix ?

De même, si l'altruisme de la mère porteuse est une condition de validité de l'opération, comment vérifier celui-ci ? Va-t-on donner quitus aux femmes qui s'autoproclament altruistes et généreuses ? Et si on veut contrôler cette affirmation, à quels éléments objectifs va-t-on se raccrocher ?

Va-t-on disqualifier, sur critères sociaux, le consentement des mères porteuses pauvres, au motif qu'on peut penser que celles-ci ont été motivées par la rémunération convenue ? Aux États-Unis, on requiert ainsi parfois des mères porteuses potentielles qu'elles aient un niveau minimum de revenus, afin qu'elles ne refusent pas ensuite de donner l'enfant au motif que leur consentement aurait été contraint par leur besoin d'argent[1]. C'est ainsi, par exemple, que, dans la législation de l'État de l'Utah, « la mère porteuse ne doit pas être bénéficiaire ni de *Medicaid* (l'assurance santé attribuée aux personnes vivant en dessous du seuil de la pauvreté) ni d'aucune autre allocation familiale de l'État[2] ». De même, le site de l'agence CSP (*Center for Surrogate Parenting, Inc.*), qui est l'une des principales agences de maternité de substitution aux États-Unis, exige comme condition préalable des candidates mères porteuses qu'elles

1. Voir Lori B. Andrews, « Beyond Doctrinal Boundaries : A Legal Framework for Surrogate Motherhood », *Virginia Law Review*, 1995, p. 2365.

2. Jennifer Merchant, « Une gestation pour autrui "éthique" est possible », art. précité, p. 188, qui examine quelques législations américaines s'efforçant d'encadrer au mieux la gestation pour autrui.

ne reçoivent pour elles-mêmes aucune forme d'aide publique[1].

Va-t-on analyser les capacités intellectuelles des mères porteuses ? Ainsi, dans l'affaire *Johnson v. Calvert* précitée, les juges californiens avaient conclu qu'« on ne peut sérieusement soutenir que Anna, nurse diplômée qui a plutôt bien réussi à l'école et qui a auparavant élevé un enfant, manquerait des ressources ou de l'expérience nécessaires pour faire un choix informé de conclure un contrat de mère porteuse[2] ». Il faudra donc vérifier les diplômes des mères porteuses ? Procéder à un test d'intelligence ? Les passer au détecteur de mensonges ?

Comment en outre contrôler un consentement à une opération qui s'étale autant dans le temps ? Le consentement à l'insémination suffit-il ? Mais la mère porteuse est-elle à ce moment suffisamment éclairée, notamment sur les liens réels qui l'attacheront à l'enfant ? Faut-il alors le réitérer ensuite ? En réalité, aucun moment n'est le bon pour exprimer un

1. « Not be on any form of government assistance for yourself ».

2. « Certainly in the present case it cannot seriously be argued that Anna, a licensed vocational nurse who had done well in school and who had previously borne a child, lacked the intellectual wherewithal or life experience necessary to make an informed decision to enter into the surrogacy contract » (§[12]).

consentement parfaitement libre et éclairé. Comme la Cour suprême du New Jersey l'a très bien expliqué dans l'affaire *Baby M*, « la mère naturelle est irrévocablement liée par le contrat avant même de savoir quelle sera la force de son lien avec son enfant. Elle ne prend jamais une décision totalement volontaire et informée, car, très clairement, toute décision prise avant la naissance de l'enfant est, dans le sens le plus profond du terme, insuffisamment informée, et toute décision prise après cette naissance, contrainte par un engagement contractuel préexistant, la menace d'un procès et l'incitation d'un paiement de 10 000 dollars, est loin d'être totalement volontaire[1] ».

Pour des raisons de preuve, le droit est souvent obligé de ne retenir qu'une conception anthropologiquement pauvre, voire indigente, du consentement. Il faudrait en effet – mais on passe alors dans le domaine de la psychologie, voire de la psychanalyse – savoir distinguer le consentement exprimé du consentement

1. « Under the contract, the natural mother is irrevocably committed before she knows the strength of her bond with her child. She never makes a totally voluntary, informed decision, for quite clearly any decision prior to the baby's birth is, in the most important sense, uninformed, and any decision after that, compelled by a pre-existing contractual commitment, the threat of a lawsuit, and the inducement of a $10,000 payment, is less than totally voluntary. »

réel, le consentement réel de la volonté, ou encore la volonté du désir.

Il ne faut pas non plus sous-estimer l'intrusion dans la vie privée du couple commanditaire. Ceux qui ont eu recours à l'assistance médicale à la procréation savent combien les enquêtes préalables peuvent être intrusives. Certes, la part la plus contraignante de la procréation médicalement assistée concerne la soumission du couple demandeur, et particulièrement de la femme, à de lourdes contraintes physiques (stimulation ovarienne, éventuellement encadrement des relations sexuelles, etc.) qui entraînent des conséquences importantes sur la vie intime du couple. En matière de gestation pour autrui, cette intrusion physique ne concernera que la mère porteuse, mais les investigations et enquêtes auxquelles seront soumis les couples commanditaires pourront n'être pas anodines. Le projet du Sénat français de juin 2008 prévoit ainsi la mise en place d'une procédure d'agrément assez lourde, menée par une commission placée sous l'égide de l'Agence de la biomédecine, et ce sous le contrôle du juge judiciaire.

Le constat, fait notamment par des philosophes[1], selon lequel le consentement devient aujourd'hui le

1. Voir notamment Michela Marzano, *Je consens, donc je suis...*, PUF, 2006 ; Geneviève Fraisse, *Du consentement*, Le Seuil, coll. « Non conforme », 2007.

principal critère de légitimité des actions, se donne également à voir en droit. Dans un contexte de revendication d'une neutralité axiologique de l'État vis-à-vis des choix individuels, tout contrôle direct des actes apparaît comme une intrusion dans ces choix et donc comme une intervention intolérable dans l'autonomie des individus. On exige alors que seules soient jugées les intentions, avec l'idée de démontrer qu'elles sont bonnes. Plus largement, on revendique que des droits soient accordés sur les seuls critères de l'amour ou de l'affection. Ces demandes conduisent cependant au même type d'errements et d'impasses : si les sentiments et les intentions deviennent les critères juridiques de l'octroi de droits, comment va-t-on en apporter la preuve et comment va-t-on en vérifier la véracité ?

C'est pourquoi, à nouveau, si l'assistance médicale à la procréation était ouverte aux personnes non stériles médicalement et pathologiquement, en particulier aux homosexuel(le)s, il faudrait nécessairement l'offrir à tous, c'est-à-dire sur simple convenance personnelle. Va-t-on en effet sinon demander à celui ou celle qui sollicite une telle assistance de prouver son homosexualité ? Comment prouve-t-on au demeurant son homosexualité ? À partir de combien d'expériences homosexuelles ? Et est-ce que les bisexuels seraient exclus ?

En définitive, contrairement aux apparences, un contrôle subjectif est en réalité souvent bien plus intrusif et attentatoire à la liberté individuelle qu'un contrôle objectif des actes.

Gestation pour autrui et prostitution

L'analyse juridique de la nature de l'activité promise par le contrat de gestation pour autrui permet de poursuivre la comparaison avec la prostitution.

La structure des obligations nées du contrat de prostitution ou du contrat de mère porteuse ne diffère pas fondamentalement de celle découlant du contrat de travail. Tous ces contrats mettent en jeu comme on l'a vu le corps d'une personne[1]. Une preuve incontestable[2] en est qu'une personne morale, c'est-à-dire un groupement de personnes physiques (par exemple, une association ou une société civile ou commerciale), ne peut pas être salariée, mais pas davantage

1. Voir la démonstration rigoureuse faite par Jean Danet à propos du contrat de prostitution, *La Justice pénale entre rituel et management*, PUR, 2010, postface d'Antoine Garapon, chapitre 13 sur « La prostitution, un échange tabou », p. 245 et suivantes.

2. Apportée pour le cas du contrat de travail par Alain Supiot : voir *supra*, note 1, p. 78.

prostituée ou mère porteuse : c'est donc qu'il faut un corps pour exécuter ces contrats, puisque telle est la seule différence essentielle entre les personnes physiques et les personnes morales.

La particularité du “contrat” de prostitution est cependant qu'il porte sur une activité considérée comme contraire à l'ordre public et aux bonnes mœurs, dans la mesure où il concerne le sexe de la personne. Or, aux termes de l'article 6 du Code civil, « on ne peut déroger, par des conventions particulières, aux lois qui intéressent l'ordre public et les bonnes mœurs ». Ce “contrat” est donc juridiquement nul pour « cause illicite », celle-ci se définissant comme un mobile « prohibé par la loi » ou « contraire aux bonnes mœurs ou à l'ordre public » (article 1133 du Code civil). Il ne sera dès lors pas exécutoire devant les tribunaux et c'est pourquoi nous avons mis le terme de “contrat” entre guillemets. Précisons que nous ne nous prononcerons pas ici sur la politique publique opportune en matière de prostitution, l'annulation du “contrat” de prostitution et la position abolitionniste (dont l'objectif est, à terme, la disparition de cette “activité”) n'impliquant pas nécessairement de sanctionner les prostitué(e)s, ni de les priver de droits sociaux.

L'activité consistant à porter et à mettre au monde un enfant étant auréolée par nature, on n'ose la comparer à la prostitution. La gestation pour autrui ne met-elle pas pourtant également en jeu les organes sexuels de la femme ? L'utérus deviendrait-il réellement dans l'opération un simple "sac" désexualisé ? Ou alors serait-ce seulement l'idée de "plaisir" sexuel qui serait immorale et taboue[1], tandis que la gestation pour autrui, qui provoque des souffrances et des dommages physiques et psychologiques à la mère porteuse, serait quant à elle du côté du "bien" ? Notre société devrait dans ce cas se livrer à une sérieuse introspection de ses fantasmes et de ses tabous.

En réalité, la gestation pour autrui, comme la prostitution, et même à nouveau bien plus encore que la prostitution, n'est certainement pas un travail comme un autre, contrairement à des propos qui ont pu être tenus et qui voudraient nous convaincre de banaliser cette pratique. Pierre Bergé énonce ainsi que « louer son ventre pour faire un enfant ou louer ses bras pour travailler à l'usine, quelle différence[2] ? ». Est-ce à dire que les femmes d'ouvriers devraient s'en satisfaire de la même façon ? Ces propos obscènes trahissent très

---

1. Voir à nouveau Jean Danet, *La Justice pénale entre rituel et management*, *op. cit.*, qui intitule son chapitre 13 : « La prostitution, un échange tabou », p. 245 et suivantes.

2. Propos rapportés in « Mariage gay : les partisans perdent le match de la rue », *Le Figaro*, 16 décembre 2012.

bien la réalité des choses : la maternité pour autrui conduit à mettre des femmes pauvres à la disposition de couples riches. Et il faut bien constater que certains ne s'en émeuvent pas.

IV

Un prolétariat reproductif

Un juge américain l'avait dit très clairement dès l'affaire *Baby M* : il est improbable que la maternité de substitution subsisterait sans l'argent[1]. Il avait ajouté qu'il doutait que des couples stériles pauvres trouvent des mères porteuses riches pour satisfaire leur projet d'enfant[2]. La doctrine américaine admet également ouvertement que la gestation pour autrui peut générer de dangereuses distinctions de classe, où les riches emploient des femmes pauvres comme « classe reproductive » (« *breeding class* ») afin de produire des bébés pour la classe supérieure[3]. La

1. « It is unlikely that surrogacy will survive without money ».
2. « We doubt that infertile couples in the low-income bracket will find upper-income surrogates. »
3. « The offer of financial payment may induce poor women to use their reproductive abilities to become professional babymakers.

comparaison récurrente de la gestation pour autrui avec la situation des nourrices ne fait que conforter la crainte. Plusieurs associations françaises de soutien aux couples stériles désignent ainsi officiellement les gestatrices par la dénomination de « nounou[1] ».

Plutôt que de "classe" reproductive, qui supposerait une solidarité illusoire entre les mères porteuses, on peut parler de "prolétariat" reproductif. On sait que, pour Marx et Engels, le prolétariat regroupait les personnes qui, ne possédant pas en propre de moyens de production, en étaient réduites pour vivre à vendre leur force de travail. L'origine du mot est aussi très pertinente et très éclairante. Le *proletarius* était, à Rome, le citoyen de la classe la plus pauvre et la plus basse, celui qui n'avait précisément pour seule richesse que ses enfants (*proles*). Il était « celui qui n'est consi-

---

Furthermore, the contracts may create dangerous class distinctions where the wealthy employ poor women as a *breeding class* to produce babies for the upper class » (souligné par nous) : Brian J. Carney, « Where do the children go ? – Surrogate mother contracts and the best interests of the child », 22 *Suffolk University Law Rev*iew, vol. XXII, 1988, p. 1200 ; et l'auteur de citer pléthore de références dans le même sens.

1. Voir Geneviève Delaisi de Parseval et Chantal Collard, art. précité, p. 37, qui citent le cas de l'association française MAIA. Le site Internet de cette association contient effectivement une rubrique informative consacrée à la GPA.

déré utile que par les enfants qu'il engendre[1] ». Saint Augustin énonçait ainsi qu'« étaient prolétaires ceux qui s'occupaient de mettre au monde des enfants » (« *proletarii illi, qui eo quod proli gignendae vacabant* »). Les nouveaux prolétaires seront alors également, à proprement parler, ceux qui n'auront plus comme seule richesse que leur capacité de mettre au monde des enfants. À la différence (immense) près que ce ne sera même plus comme à Rome pour leur propre profit, mais comme bien à céder à autrui. On se rapprochera alors à nouveau de Marx et de ses puissantes réflexions sur l'aliénation. La mère porteuse est en effet, même au sens juridique le plus précis, dépossédée du fruit de son labeur et rendue étrangère à son propre enfant.

La prétendue gratuité de l'opération

L'opération ne peut être "rachetée" par le fait que la mère porteuse n'est censée recevoir qu'une compensation ou un dédommagement pour ses frais et dépens.

La qualification de don est au demeurant mensongère. Comme l'altruisme des mères porteuses, le

1. *Dictionnaire historique de la langue française Le Robert.*

don est invoqué de façon incantatoire pour dénier et conjurer la marchandisation des enfants[1], mais c'est bien de cela qu'il s'agit.

La gratuité est en effet une contre-vérité flagrante. On sait parfaitement qu'aux États-Unis, par exemple, le prix d'une gestation pour autrui s'élève en moyenne à 60 000 dollars[2] (soit environ 45 000 euros), dont certes seulement 1/4 ou 1/5 va à la mère porteuse (disons entre 12 000 et 15 000 dollars en moyenne, soit autour de 10 000 euros), le reste étant destiné aux avocats rédigeant les contrats, à l'agence ayant mis les personnes en contact, ou encore aux frais médicaux. Qui a cependant l'indécence de qualifier cela de gratuité, alors qu'au 1er janvier 2013 le montant du SMIC mensuel est de 1430,22 euros brut (environ 1121 euros net) pour 35 heures hebdomadaires, soit

1. Voir ainsi le site de l'agence CSP précédemment citée qui accueille les candidates mères porteuses par ces flatteries accrocheuses : « Le fait que vous regardiez ce site Internet et que vous considériez la possibilité de devenir mère porteuse est la preuve que vous êtes une personne très spéciale, attentionnée et sensible » (« The fact that you are looking at this website and considering becoming a surrogate mother is proof that you are a very special, caring and sensitive person »).

2. Voir le Rapport de l'office parlementaire d'évaluation des choix scientifiques et technologiques, Assemblée nationale, n° 1325, 17 décembre 2008.

un SMIC annuel de 13 452 euros net ? Presque une année de SMIC serait de la gratuité ?

Ne parlons pas de la comparaison avec les pays qui seront les principaux pourvoyeurs de mères porteuses. Car, bien sûr, si la gestation pour autrui était légalisée, on ne la réserverait pas aux mères porteuses de nationalité française, ou même vivant en France, auquel cas, d'ailleurs, les parents d'intention pourraient payer un billet d'avion et un séjour en France à des femmes étrangères (obtiendront-elles des autorisations de séjour ?). On apprend ainsi, en lisant les journaux indiens, qu'en 2009, pour la première fois, l'Indien moyen a gagné plus de 100 roupies par jour, soit 1,49 euro[1]. Ce qui fait donc un salaire annuel moyen de 543,85 euros. À supposer même que les mères porteuses ne se voient offrir "que" 5 000 euros, une telle indemnité correspondra à plus de dix années de travail. L'Organisation mondiale de la santé rappelle ainsi, dans l'un de ses bulletins de 2007, que *The Voluntary Health Association of India* estime à environ 2 000 le nombre d'Indiens qui vendent déjà un rein chaque année, et ce pour le prix "gratuit" d'environ 1 000 dollars, soit à peu près 750 euros. Le tourisme reproductif « *low cost* » connaît de même un boom en

1. « For first time, average Indian earns more than Rs 100 a day » : *The Indian Express*, 10 février 2009.

Inde[1] ou en Ukraine, et cette “délocalisation” ne fera que s’accroître[2]. Une mise en concurrence de mères porteuses de différents pays se fera en fonction de leurs avantages comparatifs respectifs (bas coût, docilité, etc.). Pour le couple commanditaire, le recours à une mère porteuse étrangère aura en outre l’avantage de mettre des kilomètres et une frontière géographique entre celle-ci et “leur” enfant, diminuant ainsi pour eux la crainte de la voir venir rôder autour de ce dernier.

Pour refuser la transcription dans les registres français d’une naissance par mère porteuse indienne, et annuler la reconnaissance paternelle souscrite en France, la Cour d’appel de Rennes énonce ainsi très lucidement, dans un arrêt du 10 janvier 2012,

---

1. Voir Jennifer Rimm, « Booming Baby Business : Regulating Commercial Surrogacy in India », *Journal of International Law, University of Pennsylvania Law School*, 2008-2009, p. 1429 et suivantes.

2. On emploie déjà pour le cas de l’Inde le terme d’« outsourcing », c’est-à-dire d’« externalisation » ou de « sous-traitance », que l’on utilise couramment en droit du travail. Voir Sam Dolnick, « Giving birth becomes the latest job outsourced to India as commercial surrogacy takes off », *The Economic Times*, 30 décembre 2007, qui décrit le cas d’une toute petite ville du Gujarat – Anand – où une cinquantaine de femmes, parfois appartenant aux mêmes familles, portent des enfants pour des couples américains, pour l’équivalent de quinze années de salaire.

qu'« en l'absence de projet commun tant de vie de couple [entre le père et la mère porteuse] que de suivi de l'enfant, la seule justification qui vaille est la somme versée par le père qui ne doit pas être appréciée en fonction de la situation de celui-ci, mais de celle de la mère d'origine extrêmement modeste pour qui 1 500 € représentent trois ans de salaire. Cette somme étant manifestement sans relation avec les frais même "confortables" de sa grossesse. Ainsi il ne s'agit pas seulement en l'espèce d'un contrat de mère porteuse prohibé par la loi française, mais encore d'un achat d'enfant, évidemment contraire à l'ordre public ».

Là encore, il serait naïf de croire qu'il suffirait que le législateur français prévoie expressément la gratuité de la gestation pour autrui pour faire disparaître comme par magie cet aspect de la question. Comme le dit très bien le Conseil d'État dans son rapport précité de juin 2009 sur la révision des lois de bioéthique, « même en considérant l'interdiction de toute rémunération directe au profit d'une simple "indemnisation", on ne peut exclure les rémunérations indirectes (dons en nature, cadeaux, etc.) dont le contrôle, fût-ce par un juge, est impossible à mettre en œuvre ». Il en serait de même des rémunérations occultes.

L'indemnisation de la mère porteuse

À partir du moment où le couple d'intention et la mère porteuse ne se connaissent pas et n'ont pas de liens affectifs, il est difficile de comprendre pourquoi cette dernière ne mériterait pas une rémunération. Comme le remarque un auteur américain, « il est perturbant que, dans la plupart des cas où la société suggère qu'une certaine activité soit exercée par altruisme, plutôt que pour de l'argent, il s'agisse généralement d'une activité féminine. Cela perpétue la dévaluation des activités féminines dans une société qui est basée sur un système de marché[1] ». L'indemnisation contribuerait en outre à décharger au moins partiellement le couple d'intention de sa lourde dette symbolique vis-à-vis de la mère porteuse.

Le terme d'« indemnité », utilisé pour parler de la compensation due à la mère porteuse, est en réalité

1. « Moreover, it is disturbing that, in most instances, when society suggests that a certain activity should be done for altruism, rather than money, it is generally a woman's activity. This perpetuates the devaluation of women's activities in a society that is based on a market system » : Lori B. Andrews, « Beyond Doctrinal Boundaries : A Legal Framework for Surrogate Motherhood », *Virginia Law Review*, 1995, p. 2366.

révélateur. En dehors du sens déjà évoqué de réparation des dommages, le terme d'indemnité renvoie en droit à la notion de salaire. En droit du travail, le terme d'indemnité recouvre ainsi soit des éléments du salaire ou des substituts de celui-ci (l'indemnité de congés payés par exemple), soit des sommes destinées à rembourser des frais et charges liées à l'activité professionnelle (une indemnité de déplacement par exemple). Il fallait éviter de parler de salaire pour ne pas sembler assimiler la gestation pour autrui à un travail. La notion d'indemnité permet alors de mettre un voile pudique et euphémisant sur le sens véritable de la somme payée aux mères porteuses. Un célèbre dictionnaire juridique[1] ajoute précisément, dans cet ordre d'idées, que l'indemnité peut être le « nom euphémique donné à certaines rémunérations ; ex. indemnité parlementaire ».

Le régime juridique de cette indemnité devra, quoi qu'il en soit, être déterminé. Sera-t-elle soumise à l'impôt sur le revenu et à la contribution sociale généralisée ? Au paiement des cotisations sociales ? Et faudra-t-il alors prévoir de la soumettre au SMIC ? Car, si l'on considère que les 10 000 euros moyens net pour la mère porteuse sont un salaire, pour neuf

1. Gérard Cornu et association Henri-Capitant, *Vocabulaire juridique*, *op. cit.*, 5e sens du mot « Indemnité ».

mois de travail ininterrompu jour et nuit, soit environ 6480 heures de travail, cela donne un salaire horaire brut d'environ 1,54 euro, contre un SMIC horaire brut au 1er janvier 2013 de 9,43 euros.

Le travail des mères porteuses

La question se pose, plus généralement, de la qualification juridique des services rendus par la mère porteuse, et ce, une fois de plus, qu'il y ait un contrat directement entre le couple d'intention et la mère porteuse ou entre cette dernière et une agence publique ou privée.

La qualification de contrat de travail semble poser quelques difficultés s'agissant de la gestation pour autrui. Dans ce contrat en effet, l'employeur devient classiquement propriétaire *à la source* des fruits du travail, et ceux-ci n'appartiennent donc à aucun moment au salarié. Or, même si l'on admet que la mère porteuse est obligée de remettre l'enfant à sa naissance, on considère qu'il faut pour cela qu'elle abandonne tous ses droits, ce qui présuppose donc qu'elle en était titulaire. On pourrait cependant admettre qu'il y a là un contrat de travail particulier (« *sui generis* », disent les juristes, c'est-à-dire de son propre genre). Tout le droit du travail sera-t-il alors applicable ? La mère porteuse sera-t-elle considérée comme une salariée à durée déterminée ? Aura-t-elle droit à des congés payés ? Aux RTT ?

La qualification de contrat de travail ne permet en outre sans doute pas de prendre la pleine mesure de la gestation pour autrui. Celle-ci implique en effet une réification de la mère porteuse et une emprise sur son corps et sur sa personne d'une nature différente de celle qu'autorise habituellement le contrat de travail. Le droit du travail ne suffirait d'ailleurs pas toujours à garantir une protection satisfaisante de la mère porteuse, par exemple sur la réglementation du temps de travail, de fait inapplicable.

Paradoxalement, cependant, le contrat de travail est, parmi tous les contrats, tout à la fois celui qui, certes, permet de mettre une personne sous la « subordination » d'une autre (tel est même le critère juridique du contrat de travail), mais par ailleurs, dans le même temps, permet d'encadrer et de limiter au mieux l'emprise de cette dernière. Ainsi, dans le litige relatif à l'émission de télé-réalité intitulée « L'île de la tentation », où les participants devaient rester sur une île pendant plusieurs semaines pour exécuter un scénario minutieusement prévu d'avance, la

Cour d'appel de Paris[1], puis la Cour de cassation[2], ont justement décidé que l'emprise de la production sur la personne des candidats et sur leurs faits et gestes était telle que la « subordination » de ceux-ci était caractérisée ; toutes les protections afférentes au contrat de travail devaient donc être respectées (droit du licenciement, droit aux congés payés, etc.). Plusieurs auteurs avaient critiqué cette qualification, incompatible selon eux avec l'aspect ludique et futile de la prestation des candidats[3]. Elle est pourtant la seule qui rende compte de l'incontestable subordination des candidats et du profit que les sociétés de production tiraient de l'opération[4]. De surcroît, seule la qualification de contrat de travail permettait de déjouer la « comédie du réel », qui faisait faussement croire à la véracité des actions et des sentiments des protagonistes ; elle permettait ainsi un « retour à la réalité », car, « à l'évidence, les participants ne fai-

1. Cour d'appel de Paris, 18e chambre, 12 février 2008.

2. Chambre sociale de la Cour de cassation, 3 juin 2009.

3. Voir Patrick Morvan, « Le contrat de télé-réalité, à propos des arrêts "Île de la Tentation" », *Semaine sociale Lamy,* 2008, n° 1357 ; Jean-Emmanuel Ray, « Sea, sexe... and contrat de travail ? », *Liaisons sociales* n° 99, février 2009, p. 42 ; Pierre-Yves Verkindt, « Prendre le travail (et le contrat de travail) au sérieux », *Juris-Classeur périodique social* 2009, actualités, 41.

4. Voir en ce sens Christophe Radé, « La possibilité d'une île », *Droit social,* 2009, p. 930.

saient qu'obéir à des ordres ; leur “jeu” n'était qu'une prestation de travail qui avait pour but la production d'une valeur économique[1] ».

Cette affaire marque néanmoins une extension du domaine du contrat de travail, qui serait plus patente encore avec l'admission de la gestation pour autrui. Le contrat de travail entraînait en effet jusque-là que l'on puisse mettre, au service et au bénéfice d'autrui, ses capacités intellectuelles, sa force physique, ou encore son habileté manuelle. La gestation pour autrui, qui implique qu'une femme mette à disposition ses facultés reproductives, signifierait que le fruit du travail que s'approprie l'employeur pourrait désormais être un produit du corps du salarié. Au sens du droit, il faudrait d'ailleurs précisément parler de « produits » plutôt que de « fruits » : les fruits sont en effet des biens que la chose fournit régulièrement sans que sa substance en soit fondamentalement altérée (par exemple des fruits naturels que produit un arbre, ou des fruits civils que produit un immeuble, c'est-à-dire les loyers) ; en revanche, les produits diminuent substantiellement le bien dont ils sont extraits (par exemple des minerais dans une carrière). Or la mère porteuse ne ressort pas inaltérée de chaque grossesse, et c'est

1. Bernard Edelman, « Quand “l'Île de la tentation” ne séduit pas le droit », *Recueil Dalloz*, 2009, p. 2517 et suivantes.

d'ailleurs notamment pourquoi on limite souvent à deux le nombre de grossesses qu'elle peut assumer pour autrui (telle est, par exemple, la proposition contenue dans le rapport du Sénat de 2008).

Pour conclure sur ce point, qu'on la qualifie de contrat de travail ou autrement, l'admission de la gestation pour autrui serait indiscutablement la preuve qu'il n'y a désormais plus aucune limite à l'exploitation de l'homme par l'homme et, partant, un signe supplémentaire de l'extension du domaine de la lutte[1]. Comme d'habitude, certains seront alors plus égaux que d'autres.

L'exploitation de femmes socialement défavorisées

La pratique actuelle de la gestation pour autrui montre que les mères porteuses ont, le plus souvent, un statut social très inférieur à celui des couples d'intention[2].

1. Pour reprendre à nouveau le titre du livre de Michel Houellebecq : *Extension du domaine de la lutte*, Éditions Maurice Nadeau, 1994.

2. Voir Bryn Williams-Jones, « Commercial Surrogacy and the Redefinition of Motherhood », *The Journal of Philosophy, Science and Law*, volume 2, février 2002. Voir également l'avis n° 110 de

Le fait que les femmes consentent à être ainsi exploitées ne doit évidemment rien changer à l'affaire. Sous l'influence du besoin – notamment de la nécessité de nourrir sa famille – et en particulier en période de fort chômage, on trouvera toujours des gens qui consentent à tout[1]. Et effectivement, aux États-Unis, de nombreuses femmes offrent leurs services pour être mères porteuses[2]. La servitude volontaire a été fort bien théorisée par les philosophes, mais le juriste n'a quant à lui pas pour rôle d'en démonter les ressorts psychologiques, voire psychanalytiques ; il doit simplement veiller à faire respecter l'interdiction de la servitude, et le consentement de la victime doit dès lors être inopérant[3]. Le Comité

2010 du CCNE précité qui constate que, « dans les pays qui ont légalisé la GPA, le statut social des gestatrices est très largement inférieur à celui des couples d'intention ».

1. Sans même parler des raisons plus complexes et plus obscures qui ont pu conduire certaines personnes – pour ne prendre que des exemples dont ont eu à connaître les tribunaux – à consentir à l'inceste, à la torture ou à la barbarie, ou encore à être mangés par un cannibale.

2. Voir Stéphane Kovacs, « L'incroyable "marché" américain des mères porteuses », *Le Monde* du 1er février 2013, où il explique que près de 400 candidatures de mère porteuse sont reçues chaque mois par l'agence CSP précédemment citée, parmi lesquelles une douzaine sont retenues.

3. Contrairement à ce que décident parfois les juges : voir ainsi, pour un consentement à des actes de torture et de barbarie commis

consultatif national d'éthique (CCNE) explique ainsi fort justement, dans son avis n° 110 de 2010 déjà cité, que « même si l'on peut admettre que certaines gestatrices agissent dans le cadre d'une liberté effective, il reste qu'on peut ne pas souhaiter que la société accepte ce qui apparaît comme une aliénation, fût-elle volontaire ».

En réalité, les femmes pauvres ne peuvent que perdre sur tous les tableaux. Lorsque les tribunaux américains n'utilisent pas le critère biologique ou le critère de l'intention pour décider laquelle des deux femmes, porteuse ou d'intention, doit être déclarée la mère de l'enfant, ils utilisent comme on l'a vu le critère du meilleur intérêt de l'enfant (« *best interests of the child* »). Les juges doivent alors décider, au cas par cas, quels sont les parents les plus souhaitables pour l'enfant. Ils affirment que la situation financière respective des deux parties n'est pas le seul élément à prendre en considération, mais celle-ci est bien évidemment un critère déterminant pour juger des perspectives d'avenir de l'enfant. *In fine*, la boucle est bouclée, et les mères porteuses de milieu défavorisé

---

dans un cadre sadomasochiste, l'arrêt de la Cour européenne des droits de l'homme du 17 février 2005 rendu dans l'affaire *K.A. et A.D. c/Belgique* (voir notre article « Le sadisme n'est pas un droit de l'homme », *Recueil Dalloz*, 2005, chron., p. 2973-2981).

n'ont aucune chance de se voir déclarées mères juridiques de l'enfant[1].

Une partie de la doctrine américaine s'interroge au demeurant également sur la question raciale sous-jacente dans la pratique de la gestation pour autrui, surtout depuis l'affaire *Johnson v. Calvert* précitée, dans laquelle le couple d'intention avait invoqué publiquement l'argument selon lequel l'enfant était blanc, à la différence de la mère porteuse[2]. Certains auteurs montrent même que, paradoxalement, les couples blancs auraient intérêt à prendre des mères porteuses de couleur, car celles-ci s'identifieraient moins à l'enfant et, surtout, les juges seraient alors plus enclins à donner l'enfant aux parents de la même race[3].

1. Voir L. Allen, « The Black Surrogate Mother », *Harvard Blackletter Journal*, 1991, p. 17.

2. *Ibid.*

3. *Ibid.* Anita L. Allen conclut alors que, « sans une interdiction de principe des contrats onéreux de maternité de substitution, il n'est pas certain que les femmes pauvres et noires pourront être protégées contre les risques de ces arrangements » (« Without a per se ban on commercial surrogacy, it is not clear that poor and Black women can be protected from the risks of surrogacy arrangements »).

Une maternité à deux vitesses

D'autres préfèrent se voiler la face, mais, à ce degré, ce n'est plus de l'hypocrisie mais du mensonge. La société est aujourd'hui obsédée par les discriminations, et elle est prompte à qualifier comme telles toutes les différences faites entre les personnes, sauf lorsqu'il s'agit de discriminations par l'argent.

L'état des finances publiques ne pouvant sans doute pas permettre d'envisager un remboursement par la sécurité sociale (serait-ce au demeurant souhaitable ?), la gestation pour autrui sera, de fait, réservée aux couples aisés pouvant se payer les services d'une mère porteuse. Cette technique est en effet très coûteuse pour les parents (mais, comme on a pu le souligner, « largement profitable à l'industrie biomédicale[1] »...).

L'admission de la gestation pour autrui conduira ainsi à une maternité à deux vitesses, où certains pourront se payer les services d'une mère porteuse, notamment pour éviter les tracas de la maternité, tandis que d'autres seront assignées à une fonction de génitrice.

Les plus cyniques le disent ouvertement : ils vantent ainsi le « bonheur sociétal » qui pourrait résulter

1. Geneviève Delaisi de Parseval et Chantal Collard, art. précité, p. 46.

de cette nouvelle division du travail et rêvent à haute voix d'un monde où « les femmes les plus pauvres, tout comme elles font le ménage des plus riches, les coiffent, leur font des massages ou gardent leurs enfants », seraient « mises en plus à contribution pour porter lesdits enfants[1] ».

Le fait que l'opération soit mise sous l'égide d'une agence publique, comme le propose le Sénat, n'est alors pas sans susciter une certaine gêne. Le contribuable serait ainsi mis à contribution pour une affaire non seulement purement privée, mais encore réservée de fait à la catégorie sociale la plus favorisée. On s'interroge en outre sur le fonctionnement concret du système. Une agence publique va-t-elle s'occuper de sélectionner les femmes aptes à porter des enfants pour les autres ? On ne peut alors évacuer totalement de son esprit les *Lebensborn* (étymologiquement les « fontaines de vie ») qui, sous le régime national-socialiste, avaient pour objet de sélectionner les meilleures génitrices (les plus aptes à produire des enfants aryens), d'organiser leur accouplement avec l'élite de la Nation (notamment les membres des SS) et de faire adopter une partie des enfants ainsi produits par des familles allemandes également sélectionnées.

---

1. Marcela Iacub, « La reconnaissance des ventres », *Libération*, 11 janvier 2013.

Le droit, le bonheur et le marché

Bien évidemment, toutes les mères porteuses ne seront pas malheureuses et/ou exploitées, et d'autres figures apparaîtront[1]. De même qu'il existe sans doute des prostitué(e)s consentant(e)s et heureux(ses), on trouvera des couples d'intention et des mères porteuses globalement satisfaits de leurs arrangements. Pour les enfants, la question est plus hasardeuse.

La loi doit cependant être forgée en considération du cas général et non pas des cas particuliers. Or, de la même façon que, contrairement à ce que certains voudraient nous faire croire, le profil-type de la prostituée n'est pas « Belle de jour » de Buñuel, la pratique actuelle de la gestation pour autrui donne plutôt à voir des mères porteuses ayant besoin des indemnités prévues, si faibles qu'elles puissent paraître à d'autres.

Plus généralement, le droit n'a pas pour finalité d'assurer le bonheur individuel et, à l'inverse, la souffrance des couples sans enfants ne peut pas être automatiquement source d'un droit à ce que la société

---

1. Voir ainsi, pour le tableau américain, Lori B. Andrews, « Beyond Doctrinal Boundaries : A Legal Framework for Surrogate Motherhood », *Virginia Law Review*, 1995, p. 2343 et suivantes.

leur en fabrique. Il est au demeurant paradoxal de revendiquer une neutralité axiologique du droit par rapport aux choix de vie individuels et, dans le même temps, d'exiger toujours plus de l'État pour qu'il apporte son aide et son soutien à l'accomplissement de son bonheur privé.

L'argument le plus entendu en faveur de la gestation pour autrui consiste pourtant à affirmer que l'amour, la compassion et le don légitimeraient et justifieraient tout. Mais même l'amour immense de ses parents ne peut suffire à instituer un enfant[1]. Plus généralement, si la célèbre consigne de saint Augustin (« Aime et fais ce que tu veux »), qui semble être devenue le nouveau mot d'ordre, vaut peut-être dans la « Cité de Dieu », elle ne permet pas d'organiser les sociétés humaines.

Le droit a pour rôle de veiller à la justice et à l'équilibre des relations humaines et sociales, de protéger les plus faibles et les plus vulnérables, même s'il lui faut pour cela assumer la tâche ingrate de montrer du doigt les faces négatives et les aspects plus sombres.

Or la gestation pour autrui et la mise à disposition de femmes à laquelle elle conduit, revendiquée

1. Voir le très éclairant livre de Pierre Lévy-Soussan, *Destins de l'adoption*, *op. cit.*, qui cite le célèbre pédiatre et psychanalyste anglais Donald W. Winnicott, selon lequel « ce n'est pas tant d'amour que l'enfant a besoin, c'est de parents » (p. 256).

au nom de la liberté, donne à voir la « face sociétale » de l'ultralibéralisme[1] (les Américains l'appellent d'ailleurs, plus lucidement, la position « libérale »), qui soumet tout et tout le monde aux forces du marché et, comme en matière économique, conduit à broyer les plus faibles.

Aux États-Unis, les partisans de la gestation pour autrui affichent ainsi une croyance fermement ancrée dans le libre jeu du marché et une foi sans faille dans l'égale capacité de négociation des parties. Dès lors, il n'y a pas d'inconvénient à ce qu'une personne se mette "librement" à la disposition d'autrui. Ils affirment alors que « la liberté protégée par le droit autorise les personnes à se traiter mutuellement comme des moyens pour des fins reproductives, avec leurs capacités de négociation et les autres ressources déterminant le destin des futurs enfants. [...] Une telle liberté permet aux gens de déterminer et de satisfaire leur bien-être plus efficacement que par une intervention étatique. Dans une société libérale, la main invisible de la préférence procréative doit être autorisée à s'épanouir, malgré les scrupules de ceux

1. Selon la juste expression d'Éric Conan et de Jean-Dominique Merchet, « L'homoparenté contre l'égalité. Controverse », *Marianne*, 27 janvier 2013, qui parlent quant à eux de « face sociétale » du « néolibéralisme ».

qui pensent que cela détruit les bases de notre humanité[1] ».

Dans cette idéologie, l'État et le droit ne doivent plus interférer avec le marché et, en particulier, ils doivent s'abstenir d'organiser une aide et une solidarité nationales. Les plus faibles et les plus pauvres n'ont, dans ces conditions, plus d'autre moyen de subsistance que de vendre ce qu'ils peuvent.

Le choix est ainsi clairement posé entre deux modèles de société.

*

* *

On éprouve une certaine lassitude, voire parfois un certain dégoût[2], à devoir expliquer pourquoi les êtres

---

1. « Legal liberty allows persons to treat each other as means to reproductive ends, with their negotiating ability and other resources determining the fate of future offspring. [...] Yet such freedom also allows people to determine and satisfy their welfare more efficaciously than by government prescription. In liberal society, the invisible hand of procreative preference must be allowed to flourish, despite the qualms of those who think it debases our humanity » : John A. Robertson, « Embryos, families, and procreative liberty : the legal structure of the new reproduction », *Southern California Law Review*, 1986, p. 1040.

2. Voir en ce sens Sylviane Agacinski, *Corps en miettes*, *op. cit.*, p. 8 : « J'éprouve un certain *dégoût* à devoir *argumenter* pour dire

humains doivent être égaux en dignité, pourquoi il faut les traiter dignement, pourquoi tout ne doit pas pouvoir être vendu et acheté, ou encore pourquoi certaines choses sont et doivent rester sans prix. Il est inquiétant que ces principes n'aillent pas de soi, c'est-à-dire n'aillent pas sans dire.

Et même si l'on est prêt à entrer dans l'éthique de discussion prônée par Habermas, on doit surmonter le fait que celle-ci est pervertie par l'attaque systématique du langage, y compris juridique, qu'on voit à l'œuvre en ces matières. Une novlangue s'impose pour mieux manipuler les esprits, comme l'histoire en a déjà donné des exemples[1].

On nous endort ainsi avec des histoires d'amour et de don, alors que la réalité est que la mère porteuse doit, juridiquement, abandonner et céder son enfant. On nous parle de « GPA éthiques[2] », comme il y a aujourd'hui des placements ou des produits financiers

---

pourquoi il est indigne de demander à une femme de mettre son ventre à la disposition d'autrui. »

1. Voir surtout le très éclairant Victor Klemperer, *LTI. La langue du IIIe Reich*, 1re éd. 1947 ; et aussi, bien sûr, pour la version romancée, George Orwell, *1984*, 1re éd. 1949.

2. Élisabeth Badinter et Irène Théry, « Mariage pour tous : légalisons la gestation pour autrui », *Le Monde* du 20 décembre 2012. La filiation des enfants nés par GPA à l'étranger devrait, selon elles, être légalement reconnue, au motif principal que les enfants ainsi fabriqués ne doivent pas être « les petits fantômes

éthiques. On nous fait croire qu'on pourrait échapper au biologique, alors qu'on technicise et médicalise toujours davantage la procréation. Le langage doit au demeurant alors non plus enjoliver les choses, mais au contraire les dépoétiser et les déshumaniser afin de n'en garder que l'aspect technique et pouvoir ainsi prétendre qu'elles sont vides de sens et de sentiments : l'article 538.2 alinéa 2 du Code civil du Québec relatif à la procréation médicalement assistée parle par exemple d'« apport de forces génétiques au projet parental d'autrui » au lieu de don de gamètes, et il vise le cas particulier où l'« apport de forces génétiques se fait par relation sexuelle » pour décrire (cacher ?) la relation charnelle entre les deux sexes. On veut également nous persuader que l'intérêt de l'enfant, c'est l'accomplissement de la volonté des adultes, ce qui conduit à rendre le premier tout aussi instable que la seconde est versatile. Ainsi, par exemple, après nous avoir convaincus à grands renforts de médias de l'importance de la vie intra-utérine de l'enfant et des rapports qu'il noue à ce moment avec sa mère, on doit à présent affirmer au contraire qu'un enfant est dans un ventre maternel comme il serait dans une machine ou un sac. Les députés eux-mêmes donnent leur caution

---

de notre République ». On renvoie à ce qui a été dit plus haut (p. 67) sur ce prétendu intérêt de l'enfant.

aux oxymores que sont l'« infertilité sociale » ou la « stérilité sociale[1] » : par définition même, l'infertilité et la stérilité sont des concepts biologiques, se référant à des pathologies et à des réalités médicales, et elles sont donc incompatibles avec l'épithète « social ».

Il s'agit en définitive d'imposer des mots et des définitions s'écartant le plus possible de la réalité, comme pour soutenir la prétention et la vanité de la faire disparaître, ou à tout le moins de la maîtriser[2].

On repense alors à Orwell et à *1984* : « La liberté, c'est la liberté de dire que deux et deux font quatre. Lorsque cela est accordé, le reste suit. »

---

1. Voir le rapport d'information n° 2235 fait au nom de la mission d'information sur la révision des lois de bioéthique, et déposé à l'Assemblée nationale le 20 janvier 2010.

2. Voir ainsi Jean Baudrillard, *Le Crime parfait*, Galilée, 1995, qui vise par ces mots le meurtre de la réalité. Michel Houellebecq a dénoncé cela aussi dans *La Possibilité d'une île* (Fayard, 2005), dont la dernière phrase clame, comme un mot d'ordre de résistance : « La vie était réelle. »

Table des matières

Photocomposition Nord Compo
Villeneuve-d'Ascq

PAPIER À BASE DE FIBRES CERTIFIÉES

Fayard s'engage pour l'environnement en réduisant l'empreinte carbone de ses livres. Celle de cet exemplaire est de :
0,550 kg éq. CO_2
Rendez-vous sur www.fayard-durable.fr

36.57.4372-3/01

Achevé d'imprimer en avril 2013
par La Nouvelle Imprimerie Laballery (Clamecy, France).
N° d'impression : 303314